Dansk Kinabibliografi
1641-1949

Danish China Bibliography
1641-1949

Dansk Kinabibliografi
1641-1949

Danish China Bibliography
1641-1949

Hans J. Hinrup   Bo Gregersen

AARHUS UNIVERSITY PRESS
1991

© 1991 Hans J. Hinrup and Bo Gregersen
Cover illustration: Martinus Hougård
Printed by Arthur Hvilsted, Aarhus
ISBN 87-7288-348-0

Aarhus University Press
Aarhus University
DK-8000 Aarhus C.
Denmark

Indholdsfortegnelse

Forord

Denne bog er udsprunget af en mangeårig beskæftigelse med Kina og specielt med udviklingen af det danske kinabillede, forstået som det billede af Kina, der er blevet bibragt en bredere dansk offentlighed gennem tiden via trykt materiale, skrevet af såvel danskere som udlændinge. Dette billede af Kina og kinesere har selvfølgelig ændret sig meget gennem tiden, afspejlende såvel de konkrete historiske kontaktflader, som forholdet mellem udviklingslinierne i en dansk henholdsvis kinesisk virkelighed. Udviklingen i det trykte materiale blotlægger også den banale kendsgerning, at verden er blevet mindre og at informationsniveauet er steget voldsomt.

Knudepunkterne i den danske del af materialet findes naturligvis i de perioder, hvor danskere var mest aktive i Kina, især i forbindelse med Det Store Nordiske Telegrafselskabs aktiviteter fra ca. 1870, samt i forbindelse med Det Danske Missionsselskabs virksomhed fra 1896 og frem.
Skillepunktet 1949 er valgt, fordi det overordentligt omfattende materiale fra den efterfølgende periode endnu ikke er indsamlet, og fordi det er det logiske skel, også hvad kinabilledet angår. Enkelte værker efter 1949 er medtaget, specielt hvis det drejer sig om erindringsstof fra før 1949, men dog også i enkelte andre tilfælde.

Med udgivelsen af Dansk Kinabibliografi 1641-1949 har vi tilstræbt at samle alt trykt materiale på dansk om Kina og kinesiske forhold i bred forstand. At forsøge at gøre en sådan bibliografi komplet ville være umuligt, såvel af tidsmæssige som af pladsmæssige grunde, og vi har da også fra starten indlagt nogle begrænsninger.
Først og fremmest har vi kun medtaget værker, der er udgivet i bogform, men herunder til gengæld også værker, hvor kinamotiverne måske kun optager en mindre del af værket. Tidsskrifts- og avisartikler samt seriehefter er kun medtaget sporadisk, som eksempler og appetitvækkere. Endelig er udeladt de fleste værker, der kan placeres under kategorierne skolebøger, leksika, oversigtsværker og lignende. Igen med enkelte eksempler indlemmet .

Emnemæssigt og geografisk har vi medtaget alt, hvad der vedrører Kina og kine-
siske forhold i bred forstand; undtaget herfra er værker med kinesiske motiver, hvis
handling er henlagt til geografiske lokaliteter uden for Kina. Derved udelukkes de
oversøiske kinesere fra kineserkvartererne i f.eks. London og San Francisco, der
især forekommer i en lang række kriminalromaner omhandlende den gule fare, for
eksempel de mange romaner om Fu Manchu.

Den anvendte metode i fremskaffelsen af titlerne har varieret meget. Problemet er
meget simpelt dét, at man ikke altid kan se i en systematisk bogkatalog eller af bog-
titlen, om et givet værk omhandler Kina i et eller andet omfang. Dette gælder spe-
cielt hvad den skønlitterære del angår, men også i et vist omfang erindringer og
almindelige rejsebøger. Så selv om udgangspunktet og kontrolforanstaltningerne
har været Dansk Bogfortegnelse, så er mange titler fundet via bibliografier i allerede
kendte værker, via undersøgelser titel for titel på mange af hylderne i Statsbiblio-
kets magasiner samt via besøg i landets antikvariater.
Af samme grund vil der helt sikkert findes værker, som burde være medtaget i
denne publikation, men som vi bare ikke har fundet. Hvis benytteren støder på så-
danne, vil vi være meget taknemlige for at modtage nærmere oplysninger.

Henvendelse til forfatterne kan ske til adressen:
Forskningsbibliotekar Hans J. Hinrup
Statsbiblioteket
Universitetsparken
8000 Århus C.

De medtagne værker er opstillet alfabetisk efter forfatternavn inden for seks emner:

B   Børnebøger
F   Fiktion om Kina
K   Kinesisk fiktion oversat til dansk
M   Mission og religion i bred forstand
R   Rejsebeskrivelser i bred forstand
V   Varia

En forfatter kan således optræde i flere kategorier. Det enkelte nummer omfatter primært de almindelige bibliografiske oplysninger om værket. Såfremt et værk er udkommet i forskellige udgaver og oplag, er disse kun søgt medtaget, hvis der forekommer ændringer. Endvidere er der en angivelse af, hvilke dele af værket, der omhandler Kina, hvis ikke det hele.

Vore korte personlige kommentarer og beskrivelser kan forhåbentlig vække lyst til læsning eller diskussion.

Afslutningsvis vil vi gerne rette en tak til Statsbiblioteket, som har sikret udgivelsen af denne bibliografi.

Århus, maj 1991

Hans J. Hinrup og Bo Gregersen

Andersen, H. C.   B1
Ny eventyr.
Kbh.: Reitzel. 1844.   47 s.
Mange senere udgaver.

Første udgivelse af utallige med eventyret "Nattergalen". Ridende på sin tids
Kina-bluff-bølge udnytter og vedligeholder forfatteren klichéerne om Kina.
Moralen naturligvis eviggyldig, men kulisserne er af pap.

Balling, Eva   B2
Bravo, Messepetra. Roman for raske piger.
Kbh.: Fr. E. Pedersen. 1944.   78 s.

En trettenårig pige, strandet i Shanghai, oplever sørøveroverfald, da hun
arbejder sig mod Danmark. Men klarer det. Heldigvis.

Corsikan, E. F.   B3
Mellem chinesiske sørøvere. Ombord i "Stjerneskuddet".
Kbh.: Wm. L. Wulff. 1884.   45 s.
(Bibliothek for ungdommen, nr.3)
Kina: s.3-22

En troværdig beretning om et sørøveroverfald ud for Ningpo i 1861.

Cross, Thompson   B4
Det glemte folk.
Kbh.: Chr. Erichsen. 1936.   95 s.

Fantastisk og uhyggelig historie om en vulkanø i Det Østkinesiske Hav, hvor
et glemt folk i et uhyggeligt broderskab fanger en ung englænder.

Dalton, William   B5
**Den kinesiske ulvedreng, eller Lyu Panyos mærkelige hændelser. Oversat
efter den anden engelske udgave.**
Kbh.: Fr. Wøldike. 1860.   249 s.ill.
Ny udg. 2 Bd. Aars: Tema. 1983-84.   137,139 s.ill.

Lyo Panyo er søn af en engelsk kaptajn og en miao-prinsesse. Bogen skildrer
hans spændende oplevelser i Kina blandt handelsfolk, sørøvere, lamaer,
mandariner og mange andre. Undervejs er indflettet en mængde konkrete
oplysninger, såvel historiske som samtidige, - men forfatterens kendskab til
kinesisk hverdag er ret begrænset. Den nye udgave med titlen "Ulvedrengen"
af Georg V. Bengtsson er uden nogen som helst henvisning til sit forlæg!

Evans, Kate   B6
   Moa Ling's sidste bedrift.
   Kbh.: Forlagscentralen. 1945.   71 s.ill.
Heroiserende beskrivelse af en kvindelig sabotørs kamp mod japanerne,
centreret om Shanghai. Bogen identisk med Julie Saabye, nr.80. Kate Evans er
pseudonym for Aage Hermann.

Evans, Kate   B7
   Sabotørpigen Moa Ling.
   Kbh.: Forlagscentralen. 1945.   74 s.ill.
Heroiserende beskrivelse af kvindelig sabotørs kamp mod japanerne. Bogen
identisk med Julie Saabye, nr.81. Kate Evans er pseudonym for Aage Hermann.

Forrester, E. T.   B8
   Pin-Wangs nederlag.
   Kbh.: Drengebladet. 1934.   27 s.
   Kina: s.67-94
En veldrejet beretning om piratoverfald i Det Sydkinesiske Hav. Ikke
usandsynlig. Med en uventet pointe. Udgivet sammen med Leif K. Rosenthal,
nr.78.

Gilson, (Captain)   B9
   Ah-Jim.
   Kbh.: Hasselbalch. 1922.   144 s.ill.
   Rev. udg. 1941.   94 s.
Pirater i Det Sydkinesiske Hav og en kidnappet drengs befrielse efter ni år!
Blodig, men ret traditionel i sine beskrivelser.

Gilson, (Captain)   B10
   Blandt kinesiske røvere.
   Kbh.: Hasselbalch. 1924.   144 s.ill.
   Rev. udg. 1941.   96 s.
De gode hvide mod de grumme gule i et spil om gidsler, flugt og opium.
Usandsynlig, men ikke helt ueffen.

Gilson, (Captain)   B11
   Den forsvundne ø.
   Kbh.: Hasselbalch. 1919.   168 s.ill.
   Rev. udg. 1941.   95 s.
Velkomponeret spændingsroman med en broget blanding af søfart,
lamaklostre, juveler og skurke.

Gilson, (Captain)   B12
En kapflyvning rundt om Jorden.
Kbh.: Pio. 1924.   220 s.
Kina: s.92-141
Et overfladisk billede af Shanghais underverden, men med en sympatisk
kinesisk detektiv indlagt.

Gilson, (Captain)   B13
Tempelskatten (The scarlet hand).
Kbh.: Hasselbalch. 1922.   143 s.ill.
I et ubarmhjertigt greb af spænding føres man til det inderste Kina, hvor to
drenge flygter for at redde Vesten fra et tysk-kinesisk verdensherredømme.

Gilson, (Major)   B14
Det hvislende gudebillede.
Kbh.: Chr. Erichsen. 1935.   85 s.
En lidt tynd historie kogt op på forfatterens tidligere emner: Sørøveri,
hemmelige selskaber, religion og ædelstene. Men med en god slutpointe.

Gleit, Maria   B15
Kineserpigen.
Kbh.: Kunst og Kultur. 1950.   131 s.
2.opl. 1958, 3.opl. 1963
4.opl. Kbh.: Borgen. 1967.   124 s.
(Kunst og Kultur, nr.7)
Aldrig er solgte børns slavetilværelse i silkespinderierne blevet skildret mere
ligefremt og pinefuldt end her. Lavmælt dybtsynkende. Japanske
bombardementer udvikler hovedpersonen i en lille usynlig helterolle.

Gredsted, Torry   B16
Boden betales.
Kbh.: Hasselbalch. 1935.   126 s.
Kbh.: Hasselbalch. 1945.   133 s.
Dansk dreng befrier to videnskabsmænd fra et fangenskab hos kinesiske
røvere, - og hævner samtidig sin faders død. Direkte fortsættelse af "Løftet
som bandt".

Gredsted, Torry

B17

Løftet som bandt.
Kbh.: Hasselbalch. 1934. 149 s.
Kbh.: Hasselbalch. 1945. 140 s.

Dansk drengs oplevelser blandt mongolske jægere og kinesiske røvere. Skrevet på baggrund af den danske udvandring til Sibirien og Mongoliet. Idealiseret beskrivelse af drengens opvækst i Mongoliet og hans reaktion, da faderen dør og han selv står med ansvaret for hele bedriften. Typisk Gredsted-bog præget af ildhu og spejderidealer.

Hansen, Erik

B18

Den sorte perle.
Kbh.: E. Jespersen. 1912. 216 s.

Hemmelige kinesiske selskabers kamp om magten i Kina og Jorden rundt, blandet op med befrielsen af en dansk pige.

Hansen, Erik

B19

Gennem urskoven.
Kbh.: E. Jespersen. 1915. 200 s.

Fortsættelse af "Taageøen", med handlingen henlagt til Sydamerika.

Hansen, Erik

B20

Taageøen.
Kbh.: E. Jespersen. 1913. 190 s.

Kamp mod et hemmeligt kinesisk selskab, der forsøger at tilrane sig al magt i Verden. Fortsættelse af "Den sorte perle".

Hanøl, Valdemar

B21

Sølv-hjerneskallerne. En fremtidsroman.
Kbh.: Hassing. 1930. 192 s.ill
Kbh.: Jespersen og Pio. 1930. 192 s.ill.
Kina: s.35-136

En sindssyg professors laboratorium i Tibet fremstiller stofeliminatoren, det altødelæggende våben. Fantastisk og barok historie henlagt til år 2141. Omslagstegningen er ændret ved forlagsskiftet.

Hensel, Ada og P. Falk Rønne

B22

Mandarinens søn, og andre fortællinger.
Kbh.: OTA. 1934. 78 s.ill.
(Paa eventyr gennem Danmarks historie)
Kina: s.56-69

En kineserdreng som gidsel i Danmark, og hans befrielse ved kongeparrets hjælp. Foregår under Frederik V (1746-1766).

Hermann, Aage   B23
Kineserdrenge i krig.
Kbh.: Fr. E. Pedersen. 1938.   88 s.
Rimeligt realistiske og ret voldsomme skildringer af krigens Kina og
børnearbejdet i Kina. Svag personskildring. Forfatteren forsøger at dele sol og
vind lige mellem kinesere og japanere.

Hermann, Aage   B24
Tibets hemmelighed.
Kbh.: Barfod. 1949.   96 s.ill.
(Stewardess-bog, nr.6)
Kina: s.20-96
En Røde Kors-ekspedition nødlander og optages i et idealt præstesamfund,
hvorfra de flygter. Uden at en eneste stewardesse-krølle krølles.

Hermann, Aage   B25
Yang-Hui-Ming. En kinesisk spejderpige.
Kbh.: Jespersen og Pio. 1940.   127 s.
Hovedpersonen er efter forfatterens opgivelser autentisk, og bogen bærer da
også præg af at være skrevet på baggrund af dokumentariske oplysninger. Den
er meget velskrevet og spændende, men måske knap nok beregnet for børn.
Personerne fra "Kineserdrenge i krig" går igen.

Holm, Axel   B26
Den sorte urne. Vup i Japan. Roman for ungdommen.
Kbh.: E. Jespersen. 1918. 204 s.
Meget af handlingen foregår i Kina, hvor en sørøverkonge skal bekæmpes, for
at helten kan nå frem til sidste side. Stakåndet.

Holm, Axel   B27
**Kaptajn Clayton. Jens Permins eventyr i kinesiske farvande. Roman for
ungdommen.**
Kbh.: E. Jespersen. 1917. 179 s.
Ikke ueffen bog om transport af kulier til den allierede hær mod bokserne,
1900. Oplevelser på Hainan.

Holm, Axel   B28
Vup hos de gule. Roman for ungdommen.
Kbh.: E. Jespersen. 1920. 159 s.
Kina: s.76-81, 124-150
Storpolitik 1914 udspillet ved Yalu-floden. Kina uden relevans.

Howard, Winifred   B29
Fu Changs hævn.
Kbh.: Gyldendal. 1935.   141 s.
Nogle amerikanske børns dramatiske oplevelser blandt kinesiske banditter.
En stor del af handlingen foregår om bord på skibe mellem Singapore, Hong
Kong og Shanghai.

(Huld), Palle   B30
Jorden rundt i 44 dage. Med forord af Jean Jules Verne.
Kbh.: Hasselbalch. 1928.   178 s.ill.fotos,kort
Kina: s.115-135
En spejder udsendt af en avis giver en overfladisk og hurtig beretning om Kina
og mødet med danskere der.

Jacobsen, Viggo E.   B31
En kinafarer.
Kbh.: Skandinavisk. 1948.   122 s.
(Svanebøger)
En drengs oplevelser på et handelsskib fra København til Canton omkring
1793. Ganske underholdende og informativ bog om livet på en kinafarer.
Forfatteren har et rimeligt kendskab til den historiske baggrund, men
personskildringer og plots er uhyre banale.

Jacobsen, Viggo E.   B32
Eventyret om Store Nordiske.
Kbh.: Jespersen og Pio. 1943.   125 s.ill.fotos,kort
Kina: passim
Kortfattet idealiserende beskrivelse for unge af Det Store Nordiske
Telegraf-kompagni, herunder enkelte kapitler om Kina.

Jacobsen, Viggo E.   B33
Paa eventyr i Østen.
Kbh.: Ungdommens forlag. 1946.   158 s.ill.
Kina: s.93-157
Underholdende dramatisk beskrivelse af to drenges oplevelser med
opiumshuler, pirater og kidnapninger.

Juel, Erik B34
Prins Sing.
Kbh.: Chr. Erichsen. 1925. 132 s.ill.
Kbh.: Chr. Erichsen. 1942. 128 s.
Prins Sing's bortførelse, eventyr og genfindelse. En fjollet, usammenhængende, usandsynlig handling, der måske i kraft af sine umuligheder kan fænge. 1942-udgaven er udgivet med to meget forskellige omslagstegninger.

Jungsbøll, Edgar B35
Sejlkongens søn.
Kbh.: Chr. Erichsen. 1935. 125 s.
En drengs oplevelser under teklippernes kapsejlads fra Canton til London. En dreng bliver voksen. Ret banal søfartsbog med kinesiske temaer i de første kapitler.

Klubien, S. A. B36
Bag jade-templets mure.
Kbh.: Hagerup. 1942. 130 s.
To danske drenges oplevelser blandt røvere på en flod og i et tempel i Kina.

Klubien, S. A. B37
Den kinesiske baadsmand.
Kbh.: Gyldendal. 1948. 81 s.
Jagt på kinesiske sørøvere. Fortsættelse af "Den stjålne motorbåd".

Klubien, S. A. B38
Den stjålne motorbåd.
Kbh.: Gyldendal. 1945. 77 s.
Efterfølger til "På togt med kinesisk toldkrydser".

Klubien, S. A. B39
Kinesernes lærling.
Kbh.: Gyldendal. 1947. 79 s.
Kriminalstof som baggrund for en række oplevelser. Bogen er letskrevet og præget af forfatterens dybe kendskab til kinesiske forhold. Indeholder megen autentisk lokalkolorit.

Klubien, S. A. B40
Paa vagt ved Kinakysten.
Kbh.: Gyldendal. 1944 79 s.
Hvad man kalder en rask drengebog. Om sørøveri som det også fandt sted i det virkelige liv.

Klubien, S. A.   B41
   På togt med kinesisk toldkrydser.
   Kbh.: Gyldendal. 1943. 76 s.
Smuglerjagt op ad Yangtse-floden samt ved øerne ud for Shanghai. Letskrevet,
velorienteret drengebog. Detektivroman præget af forfatterens store kendskab
til Kina.

Klubien, S. A.   B42
   Tolder i Kina.
   Kbh.: Gyldendal. 1954. 95 s.
Igen jagt på smuglere og andet grimt gult. Men stadig med forfatterens tætte
lokalkendskab som fundament.

Klubien, S. A.   B43
   Under dansk flag. Rejsen til olympiaden i Tokyo.
   Kbh.: Hagerup. 1937. 143 s.
   Kbh.: Gyldendal. 1949. 110 s.
To drenges skibsrejse til Kina for at deltage i et svømmestævne.
Nationalistiske undertoner. Opdragende i Torry Gredsted-stil, men ret
underholdende. Genudgivet 1949 under titlen "Kina kalder".

Knudsen, Sven V.   B44
   Med Sven Spejder Jorden rundt.
   Kbh.: Hasselbalch. 1922.   168 s.ill.fotos,kort
   Kina: s.102-116
Måbende og ufordøjede indtryk fra Shanghai, Canton og Hong Kong.

Koch, J. K. V.   B45
   Skjulte skatte og skattegravere.
   Kbh.: Pio. 1919. 143 s.fotos,kort
   (Pios drengebøger)
   Kina: s.47-73
Påstået sandfærdige beretninger om skattesøgning i Soochow på Yangtse.
Spændende.

Koch, Kurt   B46
   I kamp med pirater.
   Kbh.: Nyt Nordisk. 1919. 112 s.
Farverig og kun lettere overdrevet beskrivelse af kamp mod pirater og
smuglere.

Koch, Kurt
B47

Robert Kinafarer.
Kbh.: Chr. Erichsen. 1926.   135 s.ill.

Roberts eventyr i Algeriet og Kinahavet. Fortsættelse af "I kamp med pirater".

Kolnes, Racin
B48

Den blå diamant.
Kbh.: DMS. 1954.   199 s.

En kinesisk families dramatiske kamp for at redde sin jord fra naboer, myndigheder og røvere. En præst er familiens hjælper. Giver et glimrende billede af forholdene før 1949.

Kolnes, Racin
B49

Ning-Sjang patruljen i den døde by.
Kbh.: DMS. 1942.   71 s.fotos

Nærmest forfatterens egne erindringer fra Ning-Sjang under den japanske besættelse. Velskrevet og præget af forfatterens kristne grundholdning og hans tro på Chiang Kai-shek.

Kolnes, Racin
B50

Opiumsslavens søn.
Kbh.: DMS. 1949.   91 s.

Velskrevet, tilsyneladende autentisk beretning om en tiggerdrengs oplevelser og møde med Ning-Sjang-patruljen i borgerkrigens Kina.

Kolnes, Racin
B51

Ruinens hemmelighed.
Kbh.: DMS. 1957.   171 s.

Selvstændig fortsættelse af "Den blå diamant", med en indflettet beretning om kristendommens vækst i det lille bondesamfund.

Kristensen, Tom
B52

Bokserdrengen. En fortælling fra det kinesiske oprør.
Kbh.: Chr. Erichsen. 1925.   176 s.ill.
5.opl. 1968, 6.opl. 1972, 7.opl. 1977.

Missionærdrengs flugt under Bokseropstanden. En hvirvlende forførisk beskrivelse, hvor man let tilgiver den gode forfatter de mange fejl og usandsynlige hændelser. Jvf. "Kina i oprør".

Kristensen, Tom   B53
Kina i oprør. En fortælling fra det kinesiske oprør.
Kbh.: Erichsen. 1938.   192 s.ill.fotos
3.opl. 1954, 4.opl. 1956.
2.-4.oplag af "Bokserdrengen", med nye illustrationer. Jvf. denne.

Lederer, Joe   B54
Stefan i Shanghai.
Kbh.: Gyldendal. 1939.   79 s.
Indsigtsfuld og lærerig bog om kinesiske forhold, udspillet omkring
gidseltagning af en rig kinesisk dreng.

Lewis, E. Foreman   B55
Unge Fu fra øvre Yangtze.
Kbh.: Gyldendal. 1934.   171 s.ill.
Meget velskrevet og underholdende bog om en kineserdrengs opvækst i lære
som kobbersmed. Lettere idealiseret, men præget af et dybt kendskab til
kinesisk hverdagsliv.

Lieberkind, I.   B56
Torsken, og andre dyrefortællinger.
Kbh.: OTA. 1936-37.   77 s.ill.
Kina: s.28-33
En idiotisk historie om hvorledes guldfiskenes lange haler er udviklet i Kina.

Linck, Olaf   B57
Ole Skibsdreng blandt kinesiske sørøvere.
Kbh.: Martin. 1936.   128 s.
Kbh.: Kragh. 1950.   126 s.
Kina: 1936, s.29-128
1950: s.30-126
Sørøveroverfald, tilfangetagelse og befrielse. En spændende og ikke helt
usandsynlig historie.

Linck, Olaf   B58
Ole Skibsdreng paa verdensrejse.
Kbh.: Martin. 1935.   152 s.
Kbh.: Kragh. 1950.   126 s.
Kina: 1935, s.66-75
1950: s.54-61
En drengs første rejse som skibsdreng, med en enkel og sober beskrivelse af et
kort ophold i Shanghai.

Lobedanz, Arnold

Nanki-Poe og boxerne.
Kbh.: Hagerup. 1906. 118 s.
En kineserdrengs opvækst, omvendelse og kamp mod boksere. En opbyggelig historie, der holder sig tæt og minutiøst til det mulige, men alligevel ikke virker overbevisende i sit lange og dramatiske handlingsforløb.

B59

Lobedanz, Arnold

Peter Kok i Port Arthur. Fortalt for ungdommen.
Kbh.: Hagerup. 1905. 144 s.ill.
2.oplag 1905. 128 s.ill.
Blokadebrydning og spionage for russerne mod japanerne ved Port Arthur 1904, tilsat lidt kærlighed. Ensidig stillingtagen for russerne, og uden tanke for at kampene foregår på kinesisk jord.

B60

Lobedanz, Arnold

Peter Messedreng som kinafarer. Fortalt for ungdommen.
Kbh.: Hagerup. 1904. 149 s.ill.
Kina: s.77-128
Rejsebeskrivelse til, i og tilbage fra Kina, krydret med fiktionsagtige elementer. Uden fortsat handling, men fuld af iagttagelser med åben mund og åbne øjne.

B61

Lowzow, M. A.

Hvordan begyndte det?
Kbh.: Jørgen Halkier. 1946. 80 s.ill.
Kina: s.34-38
Uansvarligt forenklet og fejlagtig beskrivelse af Konfucius. Beregnet for børn.

B62

Meister, Fr.

Frants Stratens eventyr.
Kbh.: Chr. Erichsen. 1912. 201 s.ill.
2.oplag 1919. 179 s.ill.
(Børnenes bogsamling, Bd.35)
2.opl.: (Chr.Erichsens børnebøger)
En hollænders oplevelser, fanget i et net af kæmpende kinesere. En hvirvel af personlige fjendskaber, hemmelige selskaber og en understrøm af kærlighed skaber en uhyggelig og nervepirrende historie.

B63

Metcalfe, W. C.   B64
En ægte søgut.
Kbh.: Chr. Erichsen. 1918.   96 s.ill.
("Mit Blad"s bogsamling, 7)
Kina: s.59-96
En drengs første sejlads og en dramatisk men forenklet beskrivelse af kamp
mod sørøvere, fangenskab og befrielse.

Munk, Jens   B65
Den hvide gift.
Kbh.: Jespersen og Pio. 1937.   126 s.ill.
Lettere overspændt historie om kokainsmugling, tilfangetagelse af hvide
sømænd, og planer om et kinesisk verdensherredømme baseret på "Den hvide
gift".

Nielsen, Vitte Bendix   B66
Ingrid fra Kina. En fortælling om en lille dansk danserinde.
Kbh.: Gyldendal. 1944.   112 s.
Kina kun omtalt perifert som baggrund for en piges balletuddannelse i
Danmark.

Nygaard, Fredrik   B67
Tre rider mod øst.
Kbh.: Fr. E. Pedersen. 1933.   151 s.
Kina: s.139-149
Om et tyveri i England af en diamant, der via Magnetogorsk smugles til
Shanghai.

Nørgaard, Poul   B68
De grønne skyggers dal.
Kbh.: Chr. Erichsen. 1946.   160 s.
Kina: s.69-160
En uhyggelig historie om tre mænds fangenskab og flugt fra et tibetansk
kloster, der er i besiddelse af en livseliksir. Parallel til "Den blå månes dal",
jvf. nr.156.

Ott, Estrid   B69
Anak fra Østen.
Kbh.: E. Jespersen. 1926.   184 s.
Kbh.: Branner. 1946.   131 s.
Kina: s.136-184
1946: s.96-131
Kostskolepigen, der genfinder sin far og oplever kærligheden. Anrettet i
Shanghai.

Ott, Estrid   B70
Bimbis store Jordomrejse.
Kbh.: Jespersen og Pio. 1937.   176 s.ill.
Nyt opl. 1948
Kina: s.145-153
En pjattet beskrivelse af Den Store Mur og Den Gule Flod set gennem en
tøjelefants øjne.

Parley, Peter   B71
Fortællinger om Europa, Asien, Afrika og Amerika.
Kbh.: C. Steen. 1848.   272 s.
2.oplag 1853.   272 s.ill.kort
Kina: s.71-99
Beregnet for børn. Fyldt med både rosende og fordomsfyldte beskrivelser. Er en
glimrende illustration af tidens firkantede kinabillede.

Pease, Howard   B72
Tankbåden "Zambora"s sidste rejse.
Kbh.: Reitzel. 1949.   175 s.
Kina: s.130-175 og passim
En storpolitisk drengebog, der tager parti for Kina mod Japan, - før USAs
indtræden i krigen. En dreng forsøger at sabotere en amerikansk olieleverance
til japanske flyvere. Noget langstrakt i sit psykologiske og dramatiske spil
undervejs til Kina.

Prip-Møller, Johs.   B73
Gudfar fortæller.
Kbh.: DMS. 1944.   55 s.ill.
En enkel, ukunstlet beretning om en kinesisk piges besøg i et buddhistkloster,
hvor hun møder en missionær og bliver omvendt. Fine illustrationer ved
forfatteren.

Rask, Svend A.   B74
  I kamp mod piraterne.
  Kbh.: Dansk Ungdoms Forlag. 1942. 78 s.
Gæve danske søofficerer i kamp mod fæle kinesiske pirater. Lettere
usandsynligt forløb.

Ravn, Henrik   B75
  Den sorte tiger.
  Kbh.: Allan C. Christensen. 1943. 102 s.ill.
Et hemmeligt kinesisk selskabs jagt på danskere i besiddelse af en indviet
kostbarhed.

Roberts, C. E.   B76
  Vagabond Wong.
  Aarhus: De Unges Forlag. 1937.   107 s.ill.
Veldrejet, realistisk fortælling om en kineserdrengs møde og oplevelser med
et missionærbarn under en oversvømmelse. Et kristent martyrium, der fører
drengen til troen, indflettes med megen styrke.

Rochau, Else   B77
  Prinsesse Te, og andre fortællinger for børn.
  Kbh.: E. Jespersen. 1925. 63 s.ill.
  Kina: s.5-13
Florlet fortælling om theens indførelse ved kejserhoffet. Ren fantasi.

Rosenthal, Leif K.   B78
  Den gule djævel.
  Kbh.: Drengebladet. 1934. 62 s.
På realistisk baggrund skildres overspændt et piratoverfald ud for Hainan.
Gidseltagning og menneskeofring, sluttende med en helt usandsynlig redning.

Rønne, P. Falk   B79
  Kinafarerens datter.
  Kbh.: Aladdin. 1945. 62 s.ill.
  Kbh.: Booklind. 1959. 78 s.
Eventyrlig historie med ægte kolorit i danske og portugisiske omgivelser, men
kliché agtig i sin beskrivelse af den gode kineser contra de hemmelige
selskaber. Genudgivet let revideret i 1959 under pseudonymet Ulrika
Normann.

Saabye, Julie   B80
Moa Ling's sidste bedrift.
Kbh.: Aladdin. 1947.   71 s.ill.
Julie Saabye pseudonym for Aage Hermann. Bogen identisk med nr.6.

Saabye, Julie   B81
Sabotørpigen Moa Ling.
Kbh.: Aladdin. 1947.   74 s.ill.
Julie Saabye pseudonym for Aage Hermann. Bogen identisk med nr.7.

Sallingboe, I.   B82
Jorden rundt med Flyvefisken gennem de fem verdensdele. Illustreret
fremtidsskildring. 5 Bd.
Kbh.: Frederiksberg Bibliothek. 1914.   128,136,140,174,280 s.ill.
Kina: Bd.3: s.115-117, Bd.5: s.27-142
En fremtidsroman henlagt til 1950. Kina og Tibet som meget kuriøse steder.
Naturligvis med indlagt skurk.

Siersted, Ellen   B83
Børnene på rejse.
Kbh.: Morten.A. Korch. 1949.   78 s.ill.
Kina: s.9-15
Let sukret beskrivelse af kinesiske børn og deres liv.

Sommer, Otto   B84
Paa de store oceaner. Sømandsfortælling for ungdommen.
Odense: Milo. 1905.   157 s.
Kina: s.21-22, 33-38
En dansk sømands forlis. Shanghai benyttet som lastefuld kulisse. Uden værdi
iøvrigt.

Strang, Herbert   B85
Bjærgenes onde aand.
Kbh.: Chr. Erichsen. 1934.   221 s.ill.
En fantastisk roman om et kinesisk præsteskab, der ved slavers hjælp
fremstiller guld nede under bjergene. Om nogle englænderes tilfangetagelse og
befrielse.

Strang, Herbert   B86
  Kobo. En roman fra den Japansk-Russiske krig.
  Kbh.: E.Jespersen. 1905.   263 s.ill.kort
  2.opl. u.å.   220 s.ill.kort
  4.opl. 1921.   220 s.ill.kort
En engelsk flådeofficers eventyr på japansk side i kamp med russerne, og
specielt mod en grusom kinesisk røverhøvding. Omslagene på oplagene er
forskellige.

Tetzner, Lisa   B87
  Trillevip rejser med Jorden rundt.
  Kbh.: Fremad. 1948.   122 s.
  (Fremad's Børne- og Ungdomsbibliotek)
  Kina: s.78-98
En "tryllehare" flyver Jorden rundt med tre børn. Giver en grum skildring af
børnearbejde i kinesiske silkespinderier.

Verne, Jules   B88
  Eventyrlige rejser. Bd.8: Claudius Bombarnac.
  Kbh.: Gyldendal. 1904.   157 s.ill.
Fransk journalists begivenhedsrige togrejse fra det Kaspiske hav til Peking.
Een af forfatterens svagere rejsebøger. Kina optræder som baggrund i cirka
halvdelen af bogen.

Westerman, Percy F.   B89
  Dobbeltgængeren.
  Kbh.: Gyldendal. 1926.   110 s.ill.
Godt drejet spændingsbog om skattejagt, med listig og grusom kineser mod en
brav engelsk søofficer.

Westerman, Percy F.   B90
  Mod Østens havne.
  Kbh.: Gyldendal. 1932.   132 s.
  Kina: s.69-124
Kadetter på togt til Kina. Pirater og flodtur. Små bølgetoppe af spænding.

Westerman, Percy F.   B91
  Under falsk flag.
  Kbh.: Gyldendal. 1929.   152 s.ill.
  Kina: s.59-152
Undsætning af englændere overfaldet af banditter. Spændingsbog, hvori
kinesere ikke forekommer som enkeltpersoner, men alene som typer og masser.

Østergaard, Vilhelm   B92
Kinafareren, eller briggen "Det Gode Haab". En fortælling fra gamle dage.
Kbh.: Gyldendal. 1918.   191 s.
Kina: s.132-142
En nødtørftig beskrivelse af handelen i Canton i 1808.

Anker, Peter   F93
Den kinesiske tong.
(Kurt Danners bedrifter, nr.46, 1943, 63 s.)
Det første af en lang række numre, hvor den danske helt møder det grusomme halvt-kinesiske kvindelige overhoved for et hemmeligt selskab, der stræber efter verdensherredømme.

Anvill, Elis   F94
Bonden Wang og hans sønner. Oversat af Harald P. Madsen.
Kbh.: DMS. 1943.   184 s.
Roman fra det borgerkrigshærgede Kina med stærkt engagement for Chiang Kai-shek's bekæmpelse af kommunisterne.

Anvill, Elis   F95
Den unge mandarin. Fork. overs. af Harald P. Madsen.
Kbh.: DMS. 1947.   176 s.
Fortsættelse af "Mandarinen og hans søn" med beskrivelse af hovedpersonens virke som kristen embedsmand i Chiang Kai-shek's Kina.

Anvill, Elis   F96
Mandarinen og hans søn. Oversat af Harald P. Madsen.
Kbh.: DMS. 1945.   134 s.
Roman om tredivernes brydningstid i Kina mellem gammelt og nyt, især med vægt på religionen.

Baum, Vicki   F97
Hotel Shanghai. Oversat af Margrethe Spies.
Kbh.: Westermann. 1949.   500 s.
Melodramatisk skildring af tyvernes og tredivernes turbulente Shanghai, set gennem ni menneskeskæbner, to amerikanere, tre kinesere, to tyskere, en russer og en japaner.

Boothby, Guy

Doktor Nikola. Oversat af Johannes Magnussen.
Kbh.: "Hver 8. Dag". 1899.   652 s.ill.
Mange senere udgaver på forskellige forlag.
Kina: s.1-201
Tidsmærket klassiker, der stadig kan skabe rislen ned ad ryggen, - ikke mindst under besøg i tibetanske klostre.

Breve

Breve som han ikke fik. Oversat af O. Lehmann.
Kbh.: Hagerup. 1903.   200 s.
Kina: passim
En roman i form af breve til en ven i Kina, dækkende perioden aug.1899 til aug.1900, og dermed omhandlende bokserurolighederne, som skildres set fra Amerika. Forfatteren er E. v. Heyking.

Bridge, Ann

Peking picnic. Oversat af Johanne Kastor Hansen.
Kbh.: Martin. 1946.   319 s.
Gesandtskabets liv i Peking i republikkens tidlige år. Afspillet som menuet akkompagneret af krigstrommer.

Bristol, Charles

Guden hævner. Detektiv-roman.
(EVAs detektivserie, nr.1, 1937, 96 s.)
(Charles Bristol-Serien, nr.2, 1946, 64 s.)
En kulørt historie med spænding til bristepunktet. Alt hvad hjertet begærer af skønhed, grusomhed, vilde jagter og hævn på en baggrund af republikkens Kina. 1946-udgaven med undertitlen "Aktuel kriminalroman".

Bristol, Charles

Shanghaj-spionen. Aktuel kriminalroman.
(EVAs detektivserie, nr.2, 1937, 96 s.)
(Charles Bristol-serien, nr.3, 1946, 64 s.)
Flugt fra japanernes bombardement af Shanghai. En grusom piratdronning og hvad deraf følger. 1946-udgaven har titlen "Schanghai spionen. Detektiv-roman".

F98

F99

F100

F101

F102

Brown, Caldwell   F103
Den usynlige haand. Vaaben til Wu Ling. Blodbrødrene. Detektivroman.
(Den gule serie, nr.43-45, 1942, 65,65,65 s.)
Tre fortsatte historier. Interessante fordi de på kulørt illustrativ vis
inddrager borgerkrigen i Kina, samt sågar Pu Yi i det voldsomme
handlingsforløb.

Brown, Caldwell   F104
Gule forbrydere. Detektivroman.
(Den gule serie, nr.38, 1942, 65 s.)
Kina: s.3-28, 41-65
Kampen om en uvurderlig rubin udspillet i et velbeskrevet Hong Kong.
Forbrydere på mange plan.

Brunngraber, Rudolf   F105
Opium. Roman. Oversat af Carl V. Østergaard.
Kbh.: Jespersen og Pio. 1940. 240 s.
En historisk roman om Den Første Opiumskrig, 1840-42. Meget autentisk og
overbevisende, selv i sin bærende ramme af familiehistorie.

Buck, Pearl S.   F106
Blodets røst. Oversat af Peder Hesselaa.
Kbh.: Jespersen og Pio. 1951. 387 s.
1946-1948. Rodløse andengenerations-kinesere i USA drager tilbage til Kina,
og splittes i synspunkter.

Buck, Pearl S.   F107
Børnene og Verden. Oversat af Peder Hesselaa.
Kbh.: Jespersen og Pio. 1947. 59 s.ill.
Med udgangspunkt i et kinesisk barn beder Buck om en bedre fremtid for
børnenes skyld. I kontrast til sit alvorlige emne en yndefuld let bog.

Buck, Pearl S.   F108
Den gode jord. Oversat af Ingrid Jespersen.
Kbh.: Jespersen og Pio. 1932. 288 s.
Den klassiske roman om den kinesiske bonde og hans nære tilknytning til
jorden og traditionerne. Formodentlig én af de mest læste romaner om Kina.

Buck, Pearl S.   F109
Den sidste kejserinde. Oversat af Sonja Rindom.
Kbh.: Jespersen og Pio. 1957. 416 s.
Tzu Hsi i farverig brokadevævet romandragt. Altid spændende stof i denne
gådefulde hersker.

Buck, Pearl S.   F110
Den unge oprører. Oversat af Einar og Ingeborg Gad.
Aarhus: De Unges Forlag. 1933. 164 s.
En drengs møde med kristen lægemission under borgerkrigen. Kampen mellem
gammelt og nyt, mellem de kinesiske religioner, Sun Yat-sen's nationalisme og
kristendommen.

Buck, Pearl S.   F111
Dragesæd. Oversat af Peder Hesselaa.
Kbh.: Jespersen og Pio. 1946. 365 s.
Kina i en mindre men sympatisk rolle under den japanske besættelse.

Buck, Pearl S.   F112
Faderen. En engel i kamp. Oversat af Ingrid Jespersen.
Kbh.: Jespersen og Pio. 1937. 244 s.
En missionærs liv skildret med sympati for personens englelige tyranni over
familie og over alt andet end sit kald. I bund og grund en usympatisk
helgenagtig person. Hører sammen med "I udlændighed".

Buck, Pearl S.   F113
Guds mænd. Oversat af Peder Hesselaa.
Kbh.: Jespersen og Pio. 1952. 379 s.
Flugt fra en missionsstation under Bokseropstanden. Handler ellers om
Amerika. Men Kina ligger altid bag.

Buck, Pearl S.   F114
Hans eget land. Oversat af Peder Hesselaa.
Kbh.: Jespersen og Pio. 1941. 215 s.
En række fortællinger, der har den skarpe kniv fremme mod dels
missionærerne dels japanerne.

Buck, Pearl S.   F115
Hans første hustru, og andre fortællinger. Oversat af Ingrid Jespersen.
Kbh.: Jespersen og Pio. 1937. 208 s.
Brydningen mellem kinesisk traditionalisme og Vestens "fremskridt".

Buck, Pearl S.   F116
   I udlændighed. Oversat af Ingrid Jespersen.
   Kbh.: Jespersen og Pio. 1936.   242 s.
Et sammenvævet klæde af en kvindelig missionærs liv og af det omgivende
kinesiske samfund. Men der mangler en sammensmeltning til at give romanen
helhed og vægt. Hører sammen med "Faderen".

Buck, Pearl S.   F117
   Kvindernes pavillon. Oversat af Peder Hesselaa.
   Kbh.: Jespersen og Pio. 1949.   382 s.
En ganske fingerfærdig historie om en selvstændig kvindes livtag med sit eget
liv og mødet med en fremmed missionær. Fyldt med lune og en farverig
detaljering.

Buck, Pearl S.   F118
   Lille Blomst. Oversat af Ingrid Jespersen.
   Kbh.: Jespersen og Pio. 1950.   350 s.
Roman om jødiske udvandrere i Kaifeng i Kina.

Buck, Pearl S.   F119
   Løftet. Oversat af Peder Hesselaa.
   Kbh.: Jespersen og Pio. 1947.   284 s.
Kina i krig.

Buck, Pearl S.   F120
   Moderen. Oversat af Ingrid Jespersen.
   Kbh.: Jespersen og Pio. 1934.   224 s.
Smerte og atter smerte. Foregår i Kina, men er alménmenneskelig.

Buck, Pearl S.   F121
   Patrioten. Oversat af Peder Hesselaa.
   Kbh.: Jespersen og Pio. 1939.   342 s.foto
Årtusindgammel kinesisk kultur modstilles japansk bastarddannelse!

Buck, Pearl S.   F122
   Sønner. Oversat af Ingrid Jespersen.
   Kbh.: Jespersen og Pio. 1933.   376 s.
Selvstændig fortsættelse af "Den gode jord".

Buck, Pearl S. F123

Vejene skilles. Oversat af Ingrid Jespersen.
Kbh.: Jespersen og Pio. 1935. 336 s.

Som et mindre tema i bogen møder hovedpersonen, der er student i U.S.A., en kristen familie, der søger at påvirke ham til en gerning som missionær.

Buck, Pearl S. F124

Østenvind-Vestenvind. Oversat af Ingrid Jespersen.
Kbh.: Jespersen og Pio. 1935. 223 s.

Bucks charmerende roman om forskellene mellem Øst og Vest, personificeret i et ægteskab mellem en traditionelt opdraget kinesisk kvinde og en kinesisk mand, der har levet en årrække i udlandet og er præget af vestlige tankesæt.

Chabrillat, H. og Poul d'Ivoi F125

Hr. Lavaredes 25 øre. Oversat af Victor Foss.
(I ledige timer, Bd.31, 1905, 572 s.ill)

Fantastisk kulørt eventyr i bedste Jules Verne-stil. Om en journalist, der for at få en arv må rejse Jorden rundt på et år med kun 25 øre på lommen. Rejsen indeholder alle genrens effekter fra hemmelige selskaber til tibetanske munke, og kinesiske motiver iøvrigt optræder mange steder.

Charlie F126

Charlie Chan i Kina. Kriminal-filmsroman efter filmen af samme navn.
(EVAs kriminal-filmsroman, nr.32, 1936, 40 s.fotos)

Opiumssmugling i Shanghai. Letbenet historie med tyndt lag lokalkolorit. Forfatteren er Earl Derr Biggers.

Christmas, Aja F127

Prinsessens grav, og andre fortællinger fra Kina.
Kbh.: Schønberg. 1914. 93 s.fotos

Poetiske stykker med isprængt gru, samt halvdokumentarisk skildring fra republikkens fødsel.

Christmas, Aja F128

Qua. En kinesisk kvindeprofil.
Kbh.: Schønberg. 1915. 96 s.

Et forpint indesnøret kvindeliv i en poetisk fortælling.

Christmas, Aja F129

Thehuspigen.
Kbh.: Schønberg. 1920. 111 s.

En pinagtig skæbnefortælling tvundet af to tråde, en piges liv og nære dagligdags iagttagelser.

Conrad, Joseph   F130

Tajfun. Oversat af A. Halling og Peter Holm.
Kbh.: Martin. 1918.   239 s.
Kina: s.5-91

På vej til Foochow med en last kulier opleves en tajfun i novellen af samme
navn. Stærk beskrivelse.

Costain, Thomas B.   F131

Den sorte rose. Oversat af Erik Freiesleben.
Kbh.: Westermann. 1947.   439 s.
Kina: s.121-306

Med udgangspunkt i England år 1273 spindes en noget omstændelig og
forudsigelig historie. Det kinesiske islæt klichéfyldt og ukorrekt.
Hovedvægten lagt på opholdet i en mongolsk hær samt ved kejserhoffet.

Cronin, A. J.   F132

Himmeriges nøgler. Oversat af Sigrid Enghardt.
Kbh.: Gyldendal. 1942.   355 s.
2.udg. 1967. 336 s., 3.udg. 1984. 336 s.
Kina: s.156-341

Den sobre intense beskrivelse af Kina sammensmeltes med en katolsk præst og
missionærs tornefyldte liv.

Cumming, Paul   F133

Den grønne Drages spor.
(Clio, nr.84, 1930, s.27-34,ill.)

En dramatisk historie om en smaragds uheldssvangre udstråling.

Dagen   F134

Dagen, der kommer. Oversat af O. Lehmann.
Kbh.: Hagerup. 1905.   160 s.

Lille pikant novelle om gesandtskabslivet i Peking. Forfatter er
E. v. Heyking.

Döblin, Alfred   F135

Wang Luns tre spring. Kinesisk roman. Oversat af L. Stange.
Kbh.: Martin. 1926.   388 s.

Forfatteren til "Berlin Alexanderplatz" skrev i 1915 denne nu glemte roman
fra det klassiske Kina i Chien Lung's tid.

du Plessis, Lilian   F136
Gule skygger.
Kbh.: Jespersen og Pio. 1935. 181 s.
Opium, kærlighed og raceblanding i en farlig cocktail. Roman fra
gesandtskabskvarteret i Peking. Byggende på solidt lokalkendskab.

Engelstoft, Christian   F137
Chr. Engelstoft fortæller. Forord af Johannes V. Jensen.
Kbh.: Nyt Nordisk. 1936.   438 s.ill.
Kina: s.395-397
"Den gamle kineser" fra "Eventyr og historier".

Engelstoft, Christian   F138
Den gamle kineser, og andre eventyr.
Kbh.: Jespersen og Pio. 1945. 82 s.
"Den gamle kineser" fra "Eventyr og historier" samt "Lægen i Silkevævernes
Gade", en kluntet og utroværdig moralsk fortælling. Muligvis med forlæg hos
Katz, jvf. nr.709.

Engelstoft, Christian   F139
Eventyr og historier.
Kbh.: Gyldendal. 1916. 132 s.
Et moralsk eventyr, "Den gamle kineser", med en morsom pointe.

Erman, L.   F140
Tusinde sølvdollars.
(Clio, nr.81, september 1929, s.41-50,ill.)
En dramatisk og ulykkelig kærlighedshistorie fra borgerkrigen.

Fedorova, Nina   F141
Børnene. Oversat af Aage Andresen.
Kbh.: Nyt Nordisk. 1946. 292 s.
En fri fortsættelse af "Familien", med sangen og musikken som meget
livgivende elementer i en ellers vanskelig hviderussisk tilværelse i Tientsin.

Fedorova, Nina   F142
Familien. Oversat af Aage Andresen.
Kbh.: Nyt Nordisk. 1945. 296 s.
Hviderussiske flygtninge i Tientsin i 1937. En interessant roman om et tema,
der ellers kun fornemmes flygtigt i mange andre beskrivelser. Overlevelsens
vilkår.

Fitch, A. H.   F143

I dragens tegn. En roman fra det kinesiske kejserhof. Oversat af Dagmar Kragh.

Kbh.: Gyldendal. 1926. 204 s.

Ganske spændende og meget indsigtsfyldt roman fra Tzu Hsi's hof. Handlingen dog urealistisk, når bortses fra blotlægningen af gesandtskabslivet.

Flammen   F144

Flammen i Østen. Filmsroman efter den store Frede Skaarup-film af samme navn.

(EVAs filmsromaner, nr.20, 1927, 68 s.fotos)

Borgerkrigens indtrængen på det engelske konsulat i Shanghai. Racehad og kærlighed.

Gozzi, Carlo   F145

Italienske Maske-Comoedier. Oversat af S. Meisling.

Kbh.: Reitzel. 1825. 350 s.

Kina: s.105-234

"Turandot" med teaterhistoriske kommentarer tilføjet.

Gozzi, Carlo   F146

Turandot, Prindsesse af China. Tragicomisk skuespil i fem optog. Efter Schillers bearbeidelse af Gozzis original, oversat til brug for den danske skueplads ved M. F. Liebenberg.

Kbh.: Schultz. 1815. 152 s.

I enhver henseende ukinesisk. I handling, miljø og navne rettelig henhørende til den nære Orient. Men interessant for det påståede billede af Kina, som bibringes tilskueren.

Gynt, Olaf   F147

Den fynske fløjte. Femten nye digte.

Kbh.: William Jessen. 1939. 44 s.

Kina: s.11-12, 29-31

Digtene "Mandarinen klæder sin datter paa" og "Kineserpigen". Japan og Kina blandet sammen.

Gynt, Olaf   F148

Fra Bulbjærg - til Boulogne. Nye digte.

Kbh.: Dansk Lyriks forlag. 1939. 99 s.

Kina: s.85-87

Digtet "Ping-Wang".

Gynt, Olaf F149

Verdens hjærte.
Kbh.: Funkis. 1933. 110 s.
Kina: s.60-65
To digte, "Lao-Tse" og "Chang".

Han Suyin F150

Morgen over Kina. Oversat af Asta Hoff-Jørgensen.
Kbh.: Folmer Christensen. 1946. 308 s.
Meget læseværdig og virkelighedsnær roman fra krigstidens Kina, skrevet af
én af de mest populære kinesiske udlandsforfattere, som gennem et kinesisk
pars oplevelser under krigen tegner et interessant og velinformeret omend nok
lidt idealiseret billede af Chiang Kai-sheks krigstidskina.

Hazelton, Georges og Benrimo F151

**Den gule jakke. Et chinesisk skuespil i tre akter til rette lagt for de
Vestlige landes scener. Oversat af Louis v. Kohl.**
Kbh.: Pio. 1915. 103 s.
Et sammenskrab af kinesiske temaer i en noget svært fordøjelig ret.

Heiberg, P.A. F152

Chinafarerne. Syngestykke i to Acter. Musik af Schall.
Kbh.: Ferdinand Printzlau. 1828. 18 s.
Kærestepar omkring en hjemvendt kinafarer.

Heyking, E. v. F153

Tschun. Fortælling fra det vaagnende Kina. Oversat af O. Lehmann.
Kbh.: Hagerup. 1914. 199 s.
Reformbevægelsen og Bokseropstanden belyst som set gennem en kinesisk
drengs øjne. Ganske overbevisende, også i sin skildring af kinesisk hjemliv.

Hill, Richard M. F154

Jorden rundt efter en hustru. En fantastisk kærlighedsroman.
Kbh.: E. Jespersen. 1922. 168 s.
Kina: s.96-134
Et overspændt sammenvæv med Hong Kong indblandet som pittoresk
baggrund.

Hilsø, Paul   F155

Opiums-rusen. Kærlighedsroman.
Kbh.: Det ny forlag. 1931. 157 s.
Kbh.: Gefion. 1943. 204 s.

En engelsk søofficers kærlighedsaffære med en mandarindatter. Udspilles
under borgerkrigen i nærheden af Shanghai. Ekstrem spændvidde mellem det
blændende eksotiske og det djævelske gule. Handlingen helt utroværdig.
1943-udgaven er sprogligt revideret og forkortet.

Hilton, James   F156

Den blaa maanes dal. Oversat af Hakon Stangerup.
Kbh.: Jespersen og Pio. 1937. 228 s.
2.opl. 1951. 228 s.
2.udg. Kbh.: Vinten. 1954 og 1962. 172 s.
3.udg. Kbh.: Jespersen og Pio. 1971. 190 s.

Den absolutte klassiker om det mystiske Tibet, materialiseret i Shangri-La.
Forbilledet for et utal af efterfølgere i mange genrer. Udgaverne fra 1951, 1954
og 1962 udgivet under titlen "Tabte horisonter", og udgaven fra 1971 under
titlen "Shangri-La. Tabte horisonter".

Hobart, Alice Tisdale   F157

Floden. Oversat af H. C. Branner.
Kbh.: Branner. 1935. 271 s.

Yangtsekiang i hovedrollen omkring en amerikaners halsstarrige åbning af
sejlads og handel oven for Ichang. Et familiedrama der kunne udspilles hvor
som helst på kloden.

Hobart, Alice Tisdale   F158

Kinas lamper slukkes. Oversat af H. C. Branner.
Kbh.: Branner. 1940. 329 s.

Fortsættelse af "Olie til Kinas lamper". Kun begyndelsen vedrører Kina
direkte, men hovedpersonens oplevelser dér gennemsyrer hele bogens
handling.

Hobart, Alice Tisdale   F159

Olie til Kinas lamper. Oversat af H. C. Branner.
Kbh.: Branner. 1934. 341 s.

Sin tids bestseller, der kom i adskillige oplag. Tegner et dystert billede af den
kinesiske fattigdom, men fokuserer ellers mest på de personlige og
forretningsmæssige udviklinger for hovedpersonen, der er ansat i et stort
petroleumskompagni, der udstationerer ham i Manchuriet og i det indre af
Kina.

Hobart, Alice Tisdale   F160
  Yang og yin. Oversat af H. C. Branner.
  Kbh.: Branner. 1937.   285 s.
Engageret roman fra et vestligt læge-, skole- og missionsmiljø i Kina i
begyndelsen af århundredet.

Hoeck, Johannes   F161
  Mod kejserdømmets opløsning.
  Kbh.: Gyldendal. 1917.   191 s.
Melodramatisk og fortænkt roman fra perioden lige op til og under
Bokseropstanden i 1901. Baggrunden er den europæiske koloni i Peking.
Hovedpersonen, en engelsk kvinde, opnår i en kort periode at blive sekretær
for Tzu Hsi.

Hoeck, Johannes   F162
  Spionliv i Østen. En fortælling i skitser fra krigens tid.
  Kbh.: Gyldendal. 1907.   288 s.
Hoeck var krigskorrespondent i Manchuriet under den Russisk-Japanske krig i
1905. Romanen bygger meget direkte på hans oplevelser her. Interessant som
en kuriositet.

Hoeck, Johannes   F163
  Vestens Babylon og de svævende søers land.
  Kbh.: Gyldendal. 1913.   218 s.
En ubehagelig roman, der advokerer mod raceblanding, der ses som roden til al
fordærv. Tager sit udgangspunkt i Shih Huang-ti og bygningen af Den Store
Mur.

Hoeck, Johannes   F164
  Østens babylon. Brogede billeder fra brydningslivet i Kina.
  Kbh.: Gyldendal. 1909.   203 s.
Roman fra Kina i 1890erne. Handlingen udspiller sig i det europæiske miljø, og
bevæger sig fra Shanghai til Port Arthur. Ingredienserne er ægteskabelige
problemer, lidt Japansk-Russisk krig, forskellige typer europæere, - alt tilsat
lidt kinesisk lokalkolorit.

Hutten, Baronesse von   F165
  Hendes russiske elsker. Oversat af Vivi Wittrup.
  Kbh.: Nyt Nordisk. 1919.   224 s.
Et uskyldigt ungpigevæsen opdrages i et ægteskab med en stiv engelsk
missionær i Kina. Ved hans død frigøres hun og udvikles i et forhold til en
russisk fyrste, for at ende som holdt kvinde i Paris. Kineserne fungerer som
klichéagtige skyggefigurer.

Jacobsen, Lis   F166

Silkebogen. Udgivet for Silkehuset på hundred-ét-årsdagen 9.oktober 1950.
Kbh.: Rosenkilde og Bagger. 1950.   108 s.ill.indeks
Kina: s.34-39

To digte af Hans Hartvig Seedorf Pedersen og Tom Kristensen. Iøvrigt et vidtspændende udvalg af digte med "silkecitater".

Jacobsen, Lis   F167

Silkebogen. Udgivet for Silkehuset på hundredeårsdagen 9.oktober 1949.
Kbh.: Rosenkilde og Bagger. 1949.   98 s.fotos,indeks
Kina: s.9

Selv om Kina kun nævnes i forbifarten, er det en inspirerende samling "silke-citater", der fremlægges.

Jensen, Hermann   F168

Det røde ægteskab.
Kbh.: E. Jespersen. 1927.   166 s.
(Moderne Verdenslitteratur)

Med udgangspunkt i hviderussiske sympatier kædes en flugt gennem Sibirien sammen med en kulmination i handlingen, da en kvindelig kinesisk røverhøvding søger at betvinge helten. Jagende clichéfyldt handlingsroman.

Jensen, Johannes V.   F169

Darduse. Bryllupet i Peking. Eventyrkomedie i fire akter. Musiken af KnudÅge Riisager.
Kbh.: Nordisk. 1937.   79 s.ill.

Tidsmærket, - og set med Kina-øjne vel også dødfødt i sin samtid.

Jensen, Johannes V.   F170

Darduses myndlinge.
(Berlingske politiske og Avertissements-Tidende. Jule-Nummer, 21.12.1924, s.1-3)

En farverig eksotisk fortælling om elskov og ægteskab.

Jensen, Johannes V.   F171

Eksotiske noveller. Singaporenoveller. Lille Ahasverus. Olivia Marianne.
Kbh.: Gyldendal. 1925.   160 s.
Kina: s.62-79, 145-150

"A Koy" og "Wang Tsung Tse"

Jensen, Johannes V.   F172
Kineserpigen.
(Samvirke, nr.6, 1951, s.13-14)
En landgangs mandfolkehistorie i eksotisk ramme. Forkortet version af "A
Koy", jvf. nr.171.

Jensen, Johannes V.   F173
Paaskebadet. Digte 1931-1937.
Kbh.: Nordisk. 1937. 130 s.
Kina: s.93-102
Fire arier fra Darduse.

Keyte, J. C.   F174
Minsan. En Kinas datter. Oversat af Svend Schaumburg-Müller.
Aarhus: De Unges Forlag. 1929. 244 s.
Spændende, let sentimental roman om en ung kineserindes møde med
europæisk kultur og kristendom i begyndelsen af 20.årh.

Kierkegaard, Harald   F175
Mod nye tider.
Kbh.: Hasselbalch. 1949. 196 s.
Forfatteren var i 38 år postembedsmand i Kina. Hans roman udspiller sig
omkring revolutionsåret 1911, men er mere præget af det store kendskab til
Kina end af de litterære kvaliteter.

Klubien, S. A.   F176
Gule skæbner. Roman fra Kina.
Kbh.: Unge Danske Forfatteres Forlag. 1941. 165 s.
Et kinesisk livsforløb hvor hovedpersonen aldrig vinder læserens sympati.
Klubiens børnebøger er meget bedre i sin genre.

Koch, Kurt   F177
Tropeelskov.
Kbh.: Ludvig Johansen. 1922. 156 s.
Den trætte hvide mands fortællinger på verandaen i Hong Kong, om Østens
kvinder og skurke.

Kristensen, Tom   F178
En anden.
Kbh.: Hagerup. 1923. 256 s.
Kina som baggrund for hovedpersonen i denne mindre kendte roman af
forfatteren.

Kristensen, Tom   F179
  En fribytters ord.
  Kbh.: Gyldendal. 1932.   119 s.
  (Gyldendalske Boghandels Smaa Digtsamlinger)
  Kina: s.84-115
Ti af digtene fra "Påfuglefjeren", plus endnu ét.

Kristensen, Tom   F180
  Li Tai Pe's død. Et digt.
  Kbh.: Privattryk. 1949.   21 s.ill.
Et sjældent privat tryk i 350 eksemplarer, illustreret af Povl Christensen.
Digtet findes første gang i "Paafuglefjeren".

Kristensen, Tom   F181
  Paafuglefjeren. Digte fra Kina.
  Kbh.: Hagerup. 1922.   107 s.
Stærke digte. Blandt andet fra Peking, Nanking og Shanghai.

Lagarde, Pierre   F182
  Venner. Oversat af Vera de Journel.
  Kbh.: Schønberg. 1944.   262 s.
  Kina: s.13-18, 93-95
Romanens jeg-person erindrer sin tid i Kina i august 1937 under japanernes
angreb.

Larsen, E. Gjærulf   F183
  Brødrene.
  Kbh.: DMS. 1961.   130 s.
Velskrevet roman om en kinesisk drengs møde med buddhisme, kommunisme og
kristendom.

Lederer, Joe   F184
  Kærligheden søger ikke sit eget. Oversat af Johannes Weltzer.
  Kbh.: Gyldendal. 1937.   258 s.
Et ægteskab udsat for udlandslivets hårde prøvelser i Shanghai.

Leturque, Henri   F185
  Tremasteren "Sparebøssen". Oversat af Victor Foss.
  (I ledige timer. Bd.35, 1904, s.1-336,ill.)
En yderst fantasifuld røverhistorie fra 1880'ernes kolonikampe i det fjerne
Østen, med alle ingredienser herfra: hemmelige selskaber, spioner, pirater,
forlis og meget andet godt. Handlingen strækker sig fra Indokina til Kina,
Formosa og videre sydpå.

Linklater, Eric   F186
  Juan i Kina. Roman. Oversat af Svend Kragh-Jacobsen.
  Kbh.: Schønberg. 1937. 296 s.
Japanernes uhyggelige overfald på Shanghai sovset ind i en handling
centreret om en amerikaners forelskelse i en kinesisk kvinde.

Malraux, André   F187
  Erobrerne. Oversat af Helga Vang Lauridsen.
  Kbh.: Hermann. 1945. 187 s.
  Kbh.: Vinten. 1964. 174 s.
Meget vedkommende, intensiv og spændende roman fra borgerkrigens Kina i
tyverne. Handlingen udspiller sig i autentiske kulisser bestående af kinesiske
revolutionære og russiske rådgivere i et samfund i opbrud.

Malraux, André   F188
  Menneskets lod. Oversat af Helga Vang Lauridsen.
  Kbh.: Fremad. 1950. 266 s.
  Kbh.: Gyldendal. 1962. 300 s.
  Kbh.: Gyldendal. 1974. 266 s.
Fantastisk revolutionsroman fra terroren, kampene og drømmene i Shanghai i
1929, hvor Chiang Kai-shek brød med kommunisterne og forsøgte at udrydde
dem.

Matthison-Hansen, Aage   F189
  Digte. 12. samling.
  Kbh.: Axel Andersen. 1907. 48 s.
  Kina: s.27-32
Få kinamotiver.

Matthison-Hansen, Aage   F190
  Miniaturer.
  Kbh.: Gyldendal. 1930. 112 s.
  (Gyldendalske Boghandels Smaa Digtsamlinger)
  Kina: s.19-20, 64-68, 108.
Indeholder enkelte digte fra tidligere samlinger.

Matthison-Hansen, Aage   F191
Nye digte.
Kbh.: H. Mansa. 1893. 48 s.
Samlingen indeholder en række digte med motiver fra Kina. Det er uvist,
hvor mange og hvilke, der er oversatte eller faktisk digtede af forfatteren.

Matthison-Hansen, Aage   F192
Paradisblomster.
Kbh.: Christians-Pressen. 1920. 35 s.ill.
Smuk lille samling, hvoraf mange digte er taget fra tidligere samlinger.

Matthison-Hansen, Aage   F193
Udvalgte digte.
Kbh.: Lybecker. 1909. 155 s.
Kina: s.52-54, 63-71
Udvalg af digte fra forfatterens tolv første samlinger.

Matthison-Hansen, Aage   F194
Unge sange.
Kbh.: Lybecker. 1891. 48 s.
Kina: s.23, 33, 35
Forfatterens første digtsamling med tre små digte med kinesiske motiver,
hvoraf ét angiveligt er oversat fra engelsk.

Maugham, W. Somerset   F195
Det brogede slør. Oversat af Ludvig Holstein.
Kbh.: Gyldendal. 1926. 188 s.
Kbh.: Gyldendal. 1967. 195 s.
Et spændende spindelsprog holder læseren fangen i denne historie fra Hong
Kong og fra et Kina, hvor koleraen hærger. Fortæller dog mere om
menneskehjertets kroge end om Kina.

Michaëlis, Sophus   F196
Blaaregn. Digte.
Kbh.: Gyldendal. 1913. 172 s.
2.udg. 1920. 196 s.
Kina: s.62-77
2.udg.: s.74-93
Fire bredt malende digte om Peking og omegn.

Miln, Louise Jordan   F197

Mr. Wu. Oversat af Ingeborg Marie Andersen.
Kbh.: Gyldendal. 1920.   195 s.

En absolut skæbnefortælling, der yder retfærdighed til den koldtslebne magtfulde kineser. Eller gør den? På et andet plan en banal kærligheds-historie.

Pram, Christen   F198

Udvalgte digteriske arbeider. Bd.2.
Kbh.: J. Hostrup. 1825.   482 s.
Kina: s.91-188

Oversættelse af "Gengiskhan i China", jvf. nr.216.

Russell, John   F199

Fjerne horisonter. Exotiske fortællinger. Oversat af Kaj Grum.
Kbh.: Haase. 1930.   153 s.

En enkelt fortælling fra Shanghai om en uhyggelig oplevelse i "det usynlige stræde".

Savage, Richard   F200

Mandarinens skat. Det 20de aarhundredes Monte Christo. Oversat af H. Boesgaard-Rasmussen.
Aarhus: Albert Bayer. Jydsk Forlags Forretning. 1905.   301 s.

En totalt amoralsk spændingsroman om en amerikansk eventyrers vej til uanede skatte i Kejserbyen, opnået via mord, list og alskens skurkagtigheder. Historisk meget grundig og med udfordrende synspunkter på Bokseropstanden og den allierede undsætningsstyrke.

Schultz, Yvonne   F201

Paladset med de hundrede søer. En historie om en kinesisk families hjemliv. Moder Kina fortæller. Oversat af Magda Dorph.
Kbh.: Hagerup. 1947.   263 s.

I spændingsfeltet mellem kinesiske religioner og kristendom, mellem det traditionelle Kina og det spændende fremmede Vestlige duver romanen gennem en række familiekonflikter udløst af omstillingsprocessen.

Scribe, M.   F202

Prindsen af China. Trylleopera i tre akter. Oversat til musik af Auber, ved Carl Fred. Güntelberg.
Kbh.: C. Steen. 1836.   95 s.

Ung pige, gammel mand, ulykkelig kærlighed og himlens indgriben. Kina som kunstigt farvestof i fortællingen.

Seedorf Pedersen, Hans Hartvig   F203
De hundrede veje.
Kbh.: Pio. 1921. 94 s.
Kina: s.33-34, 52-56
Digtene "Aften i Kina" og "Spedalsk".

Seedorf Pedersen, Hans Hartvig   F204
Hjem til Kina.
Kbh.: Rasmus Naver. 1933. 31 s.
Bittersød historie om en amerikansk kinesers stræben for at dø i Kina.

Seedorf Pedersen, Hans Hartvig   F205
Palmer og morild.
Kbh.: Branner. 1942. 140 s.
Kina: s.30-31, 65, 71-73
Digtene "Baaret af blæsten", "Aften i Kina" og "Spedalsk".

Segercrantz, Gösta   F206
Jorden rundt med otte damer.
Kbh.: Hasselbalch. 1930. 175 s.
Kina: s.80-141
Letbenet historie med stop i Hong Kong.

Shanghai   F207
Shanghai. Filmsroman efter filmen af samme navn.
(EVAs lille filmsroman, nr.88, 1935, 40 s.)
Shanghai. En uskyldig, men stålfast pige. En fattig, men ædel hviderusser.
Det ender, som det skal.

Shanghaj-ekspressen   F208
Shanghaj-ekspressen. Filmsroman.
(EVAs filmsromaner, nr.78, 1932, 72 s.fotos)
Den berømte film med Marlene Dietrich, på borgerkrigens brogede baggrund og
med racernes sammenstød som det blussende hovedtema.

Skaarup, Victor   F209
Marco Polo. Eventyreren fra Venedig. Historisk roman.
Kbh.: Chr. Erichsen. 1938. 188 s.ill.fotos
Letlæselig version med inspiration fra filmen "The adventures of Marco Polo",
med vægt på kærligheden til Kukachin.

Spencer, Cornelia F210
Kinafareren. Overs. af Mogens Stark.
Kbh.: Martin. 1946.   304 s.
Kulørt, men spændende roman i autentiske kinesiske kulisser omhandlende et amerikansk handelshus i de sidste 50 år før og under den Første Opiumskrig, ca.1790 til 1850.

Tak F211
Tak, Mr. Moto. Kriminal-filmsroman efter filmen af sammen navn.
(EVAs kriminal-filmsroman, nr.87, 1938, 40 s.fotos)
Fra Gobiørkenen til Peking, fra skjulte skatte til åbenlyse onde kinesere. Hvor var det svært at være en god Hvid!

Tusinde F212
Tusinde og een fjerdedeel time, bestaaende af tartariske historie, hvorudi paa en meget lystig og behagelig maade fortælles mange forunderlige hændelser og elskovs intriger. Af det tydske i det danske oversat.
Kbh.: Fr. Chr. Pelt. 1755.   544 s.
Kina: s.167-194, 251-265, 270-285, 288-297

Vejen F213
Vejen til vanære. Filmsroman efter den store Süd-Film-sukces Hai-Tang.
(EVAs filmsromaner, nr.51, 1930, 72 s.fotos)
En kinesisk danserindes møde med en nobel kosak. Interessant som billede på kultursammenstødet udtrykt kulørt.

Verne, Jules F214
Kinfo, eller En kinesers gjenvordigheder i Kina.
Kbh.: Nutiden. 1879.   244 s.
En tankevækkende roman om livets værdi. Filosofisk i sit udspring, fængslende i sit forløb.

Vest F215
Vest for Shanghaj. Kriminal-filmsroman efter filmen af samme navn.
(EVAs kriminal-filmsroman, nr.86, 1938, 40 s.fotos)
Petroleumskilder, kærlighed og jalousi danner sprængladning i krigsherrernes Kina.

Voltaire F216
Gengiskhan i China. Oversættelse af Voltaires "L'orphelin de la Chine" ved H. C. Pram.
Kbh.: Seidelin. 1815.   100 s.
Tragedie i fem akter. Om at ofre sit eget barn. Indsat i kinesisk ramme.

Weale, B. L. Putnam F217
Nye guder (The Unknown God). Oversat af Herman Bente.
Kbh.: Gyldendal. 1917. 279 s.

I en ætsende blanding af fiktion og virkelighed blotstilles den europæiske missions bornerthed og intolerance, selv under et truende tryk fra muhammedanske oprørere.

Weale, Putnam F218
På forbudt territorium. Og andre historier. Oversat af Herman Bente.
Kbh.: Nordisk. 1914. 239 s.
Kina: s.55-239

To noveller fra den Japansk-Russiske krig, samt to stærkt impressionistiske noveller om opium og elskov.

Wohl, Louis de F219
Horden fra Øst. Oversat af Erik Freiesleben.
Kbh.: Westermann. 1949. 280 s.kort

Kulørt, melodramatisk og ganske uinteressant beretning fra de første kontakter mellem Attilas Hunnerrige og Europa.

Ävik, Asbjørn F220
Dalen. Oversat af Harald P. Madsen.
Kbh.: DMS. 1949. 281 s.

Norsk roman om livet på landet i Kina, brydningen mellem gammelt og nyt, samt missionens komme.

Ävik, Asbjørn F221
Den hvide flod. Oversat af Harald P. Madsen.
Kbh.: Lohse. 1954. 281 s.

Et ungt missionærpars virke i Kina op til Den Anden Verdenskrig.

Anvendelse K222
Anvendelse af livet. Et kort og fyndigt moral-system i Østerlandsk stil. Besørget udgivet af Malte Christian Hoff.
Kbh.: Gyldendal. 1846. 95 s.ill.

Påstået oversættelse af et tibetansk skrift. Allegorisk opbygning.

Bethges, Hans K223
Den kinesiske fløjte. Oversat af Eugen Frank.
Kbh.: Hasselbalch. 1918. 67 s.

Smuk digtsamling med oversættelse af en række klassiske kinesiske digte. Baseret på engelske, franske og tyske forlæg.

Bruun, R. T.   K224
  Orientalia, eller moralsk tidsfordriv fra Østerlandet.
  Kbh.: Schubothe. 1814.   130 s.
  Kina: s.23-55
En række konfucianske citater. Især med vægt på dyden og på sønlig
kærlighed.

Chi King   K225
  Oldkinesisk poesi. Nogle sange fra Chi King. Oversat af Louis v. Kohl.
  (Vor Tid, Vol.2, 1918, s.466-469)
Ni digte.

Falbe-Hansen, Ida   K226
  Den ny eventyrbog.
  Kbh.: Gyldendal. 1873.   272 s.
  Kina: s.112
Moralsk fortælling om dyrenes og menneskets natur.

Fjorten   K227
  **Fjorten moderne kinesiske noveller. Oversat fra Edgar Snow: "Living
  China" af K. Robert Adamsen.**
  Kbh.: Thaning & Appel. 1946.   223 s.
Et vægtigt udvalg. Med Lu Hsün, Jou Shih, Mao Tun, Ting Ling,
Shen Ts'ung-wen, Sun Hsi-chen, T'ien Chün, Hsiao Ch'ien, Chang T'ien-yi og
Shih Ming.

Frank, Eugen   K228
  Lotusblade fra det Himmelske Rige. Efterdigtning af kinesisk lyrik.
  Kbh.: Hasselbalch. 1931.   248 s.
Bredt udvalg af digte, med særlig repræsentation af Shih King, Li Tai-pe
og Tu Fu. Eugen Frank er pseudonym for Max Lester.

Hasselmann, K. F. og Jørgen Hæstrup   K229
  Russiske og kinesiske eventyr.
  Odense: Flensted. 1949.   189 s.ill.
  (Alverdens eventyr)
  Kina: s.96-187
Seks eventyr med mennesker, guder og drager.

Henningsen, J. K230

Kinesiske ordsprog.
(Dansk Tidsskrift, 1905, s.594-605)
Ordsprogene først og fremmest benyttet til at belyse kinesernes karakter.

Hoa Tsien Ki K231

**Hoa Tsien Ki. Historien om det blomstrende brevpapir. Chinesisk roman.
Oversat fra originalen af G. Schlegel. Fra nederlandsk af Viggo Schmidt.**
Kbh.: Wroblewsky. 1871. 143 s.
En kærlighedshistorie. Kan næppe læses for fornøjelsens skyld, - men er
forsynet med udførlige, forklarende noter, der støtter teksten og gør den til et
kulturhistorisk læsestykke.

Hvorlunde K232

**Hvorlunde broen blev bygget. Et chinesisk sagn. Efter Cornhill Magazine.
Oversat af H. E. W.**
(I ledige timer, Bd.10, 1877, s.398-416
Sagn om besejring af flodguder i Min-floden ved Foochow.

Iu-kiao-li K233

**Iu-kiao-li, eller De to cousiner. Chinesisk roman efter oversættelse af
Abel Rémusat.**
Kbh.: C. Steen. 1858. 368 s.
Letflydende oversættelse. Om at have en datter og at finde en svigersøn. Gode
noter af Rémusat.

Kina K234

Kina klager. Kinesiske krigsdigte. Oversat af Broby Johansen.
Kbh.: Privattryk. 1933. 32 s.ill.
Kbh.: Frem. 1935. 32 s.ill.
Krigens gru og den avlede sorg.

Kjersmeier, Carl K235

Hjerternes blomstring. Asiatiske og afrikanske digte.
Kbh.: Høst. 1918. 96 s.
(De brogede bøger, Bd.4)
Kina: s.32, 76-89
Letflydende prosaoversættelse af tretten kinesiske digte.

Kjersmeier, Carl   K236
   Hjerternes blomstring. Hundrede asiatiske og afrikanske digte.
   2.forøgede udg. Kbh.: Fischer. 1946. 119 s.
   Kina: s.37, 45, 99-110
Eet kinesisk digt tilføjet i forhold til førsteudgaven.

Kjersmeier, Carl   K237
   Kærlighedens almagt. Hundrede eksotiske digte fra fire verdensdele.
   Kbh.: Fischer. 1949. 123 s.
   Kina: s.27, 100-109
Med vægt på Tang.

Kjersmeier, Carl   K238
   Perlemorsviften. Kinesisk lyrik. Oversat af -.
   Kbh.: Fischer. 1948. 72 s.
Digte fra de sidste 2000 år, men med vægt på Tang.

Kjærlighedshistorier   K239
   Kjærlighedshistorier af forfattere fra mange lande.
   Kbh.: Aug. Westrup. 1880. 351 s.
   Kina: s.196-203
Uddrag af Hoa Tsien Ki, jvf. nr.231.

Kohl, Louis v.   K240
   Betel og Lotus. Asiatiske elskovsdigte. På dansk ved -.
   Kbh.: Branner. 1912. 47 s.
   Kina: s.36-37
Digte fra Shi King.

Kohl, Louis v.   K241
   Chinesiske digte. Overs. af -.
   (Vor Tid, Vol.2, 1918, s.767-769)
Digte af Chang Pi og Po Chü-I.

Lao She   K242
   Rickshaw kuli. Oversat af Evan King og S. A. Klubien.
   Kbh.: Carit Andersen. 1947. 331 s.
En berømt forfatter. En berømt bog. Ikke uden grund.

Lao She   K243

Ægteskabsmægleren. Lao Li søger kærligheden. Oversat af Lis Thorbjømsen.
Kbh.: Carit Andersen. 1952.   284 s.

Republikkens Kina var en brydningstid for kvinder og familie. Det er udmærket og letflydende skildret fra den for os uvante vinkel: ægteskabsmæglerens!

Lin Jen Shuey   K244

The Flute.
Kbh.: Nyt Nordisk. 1939.   55 s.

Egne digte af en kineser, der studerede i Danmark, samt oversættelser.

Matthison-Hansen, Aage   K245

Billeder fra Kina, og andre digte. 11. samling.
Kbh.: Axel Andersen. 1907.   51 s.
Kina: s.27-34, 36-37

De kinesiske motiver er mindre fremtrædende end titlen lader antyde. Digt af Li Tai-pe.

Matthison-Hansen, Aage   K246

Blaalys (Yen Kia). En samling kinesiske ordsprog og citater i udvalg ved -. Annoteret.
Kbh.: Andr. Schou. 1890.   76 s.ill.

Blaalys er en benævnelse kineserne har lånt fra fyrværkerisproget, for at betegne at deres ordsprog er lige så "strålende og flygtige som de farvede lys i en ildregnsbuket". Indeholder afsnit om "Guder og Mennesker", "Aandsliv", og "Moralske Anskuelser", de fleste oversat efter Scarborough's "Chinese Proverbs" 1875.

Matthison-Hansen, Aage   K247

Bølgegang. Digte. 9de samling.
Kbh.: Axel Andersen. 1903.   46 s.
Kina: s.23-24, 33-35

Et digt om, hvor svært det er at lære kinesisk, og en hyldest til en kineser i Tivoli. Dertil to oversatte digte.

Matthison-Hansen, Aage   K248

Efterår i Hanpaladset - et kinesisk sørgespil ved -. Oversat i anledning af det kinesiske skuespillerselskabs optræden i Tivoli.
Kbh.: u.forl. 1902.   24 s.ill.

Matthison-Hansen, Aage   K249
   Kinesiske digte.
   Kbh.: Thaning & Appel. 1945.   39 s.
   (Parnasbøgerne)
Indeholder en række oversættelser af Li Tai-pe og Tu Fu tidligere udgivet i
samlingen Lien-Hua fra 1919.

Matthison-Hansen, Aage   K250
   Lien-Hua. En samling kinesiske digte. Oversatte fra originalsproget.
   Kbh.: Nyt Nordisk. 1919.   202 s.ill.
Rigt illustreret samling oversatte digte med hovedvægten på dynastierne
Tang og Sung. Li Tai-pe og Tu Fu er rigt repræsenteret. Mange af digtene er
tidligere udgivet i "Vandlilierne".

Matthison-Hansen, Aage   K251
   Maaneguitaren. Kinesiske digte. Oversatte paa danske vers af -.
   Kbh.: Christian Pressen. 1931.   38 s.ill.
Smuk lille samling af oversatte digte.

Matthison-Hansen, Aage   K252
   Mellem paaske og pintse. Digte.
   Kbh.: Gyldendal. 1922.   71 s.
   Kina: s.60-71.
"Til Fyrretyveaarsdagen for min litterære Debut 29. Januar 1882". Indeholder
en række oversatte digte.

Matthison-Hansen, Aage   K253
   **Oprørerne fra Kien-Chow, eller Ægteskabelig troskabs løn. Historisk
   drama i tre akter med en afsluttende sangscene og ballet.**
   Kbh.: u.forl. 1917.   62 s.ill.
Kinesisk drama fra Sung-dynastiet, nærmere bestemt 1127-1131.

Matthison-Hansen, Aage   K254
   Regndraaber. 10de samling digte.
   Kbh.: Axel Andersen. 1906.   57 s.
En samling med ganske mange kinesiske motiver, både oversatte og egne
digte, samt digte tilegnede forfatteren.

Matthison-Hansen, Aage   K255
   **Sange og sonetter. Med efterskrift "Om lyrisk poesi" (Indledning til et
   foredrag holdt ved Handelsakademiet "København").**
   Kbh.: Gjellerup. 1894. 50 s.
   Kina: s. 23-24, 27
"Sorgens sang" af Li Tai-pe, og "De hvide hoveder" af den kvindelige
forfatter Uen-kiun.

Matthison-Hansen, Aage   K256
   Slyngrose og andre digte.
   Kbh.: Lybecker. 1915. 64 s.
   Kina: s. 7, 17-18, 38, 40, 60-64.
To gendigtninger samt fem egne digte med kinesisk inspiration.

Matthison-Hansen, Aage   K257
   Tai-yang Huang. 17de digtsamling.
   Kbh.: Eget forlag. 1926. 64 s.
   Kina: s.58, 60-63
Seks digte, bl.a. fra Shi King.

Matthison-Hansen, Aage   K258
   Tusmørkesange. Tilegnede min moder (8de samling).
   Kbh.: Axel Andersen. 1901. 48 s.
   Kina: s.38
Digt af Tu Fu.

Matthison-Hansen, Aage   K259
   **Vandlilierne. En samling digte fra dynastiet Tang's tid (608-906 e.Kr.)
   med et tillæg "Chung Kuo Shi", indeholdende dels klassiske, dels
   moderne kinesiske digte. Oversatte fra originalsproget.**
   Kbh.: Axel Andersen. 1903. 49 s.ill.
En smuk digtsamling, lavet bl.a. i samarbejde med nogle af de kinesere, der
opholdt sig i København i forbindelse med Kina-byen i Tivoli i 1902.

Po Chü-I   K260
   **Den evige elskov, og andre digte. Oversatte fra chinesisk af Louis v.
   Kohl.**
   Kbh.: Pio. 1914. 127 s.
Tre fortællende digte, "Den evige elskov", "Kurtisanen" og "Klostret
Wu-chen" med indledning og noter vedrørende Tang-dynastiet, samt et
efterhængt afsnit ved oversætteren om kvindens stilling i det gamle Kina.

Prinsen   K261

Prinsen af Futtun. Oversatte og bearbejdede af Arthur Christensen.
Kbh.: E. Jespersen. 1907.   52 s.ill.
2.opl. u.å., 48 s.ill, 3.opl. 1919, 48 s.ill.
Kina: s.37-47
Persiskfarvet eventyr henlagt til Kina, "Historien om Kong Ruzvanschad og prinsesse Schehristani". Samme eventyr som i nr.271.

Prip-Møller, Antonette   K262

Kinesiske ordsprog.
Kbh.: Branner. 1944. 48 s.
Tematisk inddeling. Lille forord om folkekarakteren.

Pu Sung-ling   K263

Tyve sælsomme fortællinger. Oversat af Kurt Wulff.
Kbh.: Bianco Luno. 1937.   135 s.ill.
Håndværksmæssig dejlig bog. Med kinesiske tegninger som illustration til meget populære fortællinger fra slutningen af 1600-tallet.

Stub-Jørgensen, Christian   K264

Jadefløjten. Kinesiske digte.
Aarhus: u.forl. 1924. 74 s.
Frie oversættelser fra vestlige sprog. Med vægt på Tang-dynastiet. Korte forfatterbiografier tilføjet.

T'ien Chün   K265

Landsby i høst. Forord af Edgar Snow. Oversat af Robert Stærmose.
Kbh.: Samleren. 1945.   220 s.
Om oprøreres kamp mod japanerne i Manchuriet. Oprindelig udgivet i 1935. Skrevet med selvoplevelsens bitre men selvsikre viden.

Tan Yün   K266

Flammer fra bjerget. Oversat fra engelsk af Grete og Gunnar Juel Jørgensen.
Kbh.: Thorkild Beck. 1946.   308 s.
Modstandskampen mod japanerne i det indre Kina. Omdrejningspunktet er en familie og en datters arbejde på et hospital.

Wolff, August   K267

She-king eller "Sangenes bog".
(Det nittende aarhundrede, 1875, s.35-52)
Vidende og grundig gennemgang historisk og litterært.

Wulff, K.   K268
Acht Kapitel des Tao-Te-King. Herausgegeben von Victor Dantzer.
(Det Kgl. Danske Videnskabernes Selskab, Historiske-Filologiske
Meddelelser, Bd.28, nr.4, 1942, 98 s)
En oversættelse på filologisk grundlag og med tilsidesættelse af de
traditionelle kommentarer. Med ros til A. Waley.

Yutang   K269
**To kinesiske digte. Hentet fra Yutang: Mit land og mit folk. Oversat af
Verner Seeman.**
Rønne: Social-Demokraten. 1944. 11 s.

Østerlandske   K270
Østerlandske elskovsdigte. Oversat fra fransk af Kai Flor.
Kbh.: Gyldendal. 1945. 40 s.ill.
Digte af Tu Fu og Li Tai-pe, samt fra Tibet og Mongoliet.

Østerlandske   K271
Østerlandske æventyr. Oversatte og bearbejdede af Arthur Christensen.
Kbh.: E. Jespersen. 1900. 107 s.ill.
Kina: s.47-57
Samme eventyr som nr.261.

Andersen, Knud Hee   M272
**Vejledning for studiekredse over Basil Mathews: "Verdensmagternes
kamp".**
Aarhus: De Unges Forlag. 1931. 16 s.

Arnesen, E.   M273
Ved hjemmets arne. Fortællinger for unge og ældre. Samlet af -.
Kbh.: Dansk Bogforlag. 1932. 192 s.ill.
Kina: s.190-192
En kort beretning om djævleuddrivelse, ved missionær W. C. Hankins.

Baagøe, Povl Hedemann   M274
Feng-hwang-ch'eng.
Kbh.: Lohse. 1918. 47 s.fotos,kort
(Vore Missionsstationer. - China I)
Området, byen, missionsstationen og missionærerne beskrevet, som var det set
med en besøgendes øjne.

Baagøe, Povl Hedemann   M275

Gammelt og nyt. Fra en af Østens havnebyer. Dairen.
Kbh.: Lohse. 1942.   16 s.kort
(De brune småbøger, 1)
Byens historie, handel og industri beskrevet ud fra missionens tilknytning
hertil.

Baagøe, Povl Hedemann   M276

Hjælp til selvstudium og studiekredse. Spørgsmål og noter til "Tidehverv
i det fjerne Østen" (af Basil Mathews).
u.st.: u.forl. u.å.   8 s.
Spørgsmål og forslag til læsning til de enkelte kapitler.

Baagøe, Povl Hedemann   M277

Kina. En bog til studiekredse (samlæsningskredse).
Kbh.: KFUMs og KFUKs Missionskomitéer og DMS. 1943. 168
s.ill.fotos,kort,bibl.
1944. 2.gennemsete udg.   172 s.ill.fotos,kort,bibl.
1946. 3.omarb. udg.   176 s.ill.fotos,kort,bibl.
1947. 4.udg.   176 s.ill.fotos,kort,bibl.
Tredelt i afsnittene "Kend Kina", "Kristendommen i Kina" og "Til ledere af
studiekredse" med kortere afsnit om geografi, historie og kultur, samt
hovedvægten på religion og mission. Sidste afsnit med spørgsmål og forslag til
læsning. Må betragtes som sin tids grundstudiebog til Kina for
missionsinteresserede.

Baagøe, Povl Hedemann   M278

Nicolai Kjær. Idrætsmand og ungdomsarbejder i Kina.
Kbh.: De Unges Forlag. 1944.   78 s.fotos
Biografi over norsk KFUM-sekretær, der arbejdede i Changsha 1912-1927 og
1930-1934.

Baagøe, Povl Hedemann   M279

Set udefra. Indtryk og vurdering af danske missionærers arbejde i
Manchuriet.
Kbh.: DMS. 1941.   63 s.fotos,kort
2.omarb. udg. 1942.   64 s.fotos,kort
En samling artikler af japanere, der i 1939 besøgte Takushan, Antung og
Pitsaikow på en rundtur under ledelse af forfatteren.

Baagøe, Povl Hedemann   M280

Udsyn. Drengearbejde og ydremission. En idébog.
Kbh.: KFUMs Missionskomité. 1943.   143 s.fotos,kort,bibl.

En række forslag til lege, aktiviteter og arbejde. Især rettet mod kendskab til
Kina og Indien. Desuden en samling anekdoter og fortællinger fra
missionsmarkerne samt fra landets historie.

Baagøe, Povl Hedemann   M281

Vejledning til studiekredse (Samlæsningskredse) over P. H. Lange's bog
"Mørke og lys i missionens historie"
Aarhus: De Unges Forlag. 1943.   8 s.
Kina: s.5-6.

Spørgsmål samt forslag til læsning.

Baagøe, Povl Hedemann   M282

Vi rejser til Kina med missionæren. Læsning til religionstimen.
Kbh.: Grønholt Pedersen. 1945.   88 s.ill.fotos,kort,bibl.
(Skolernes klassesæt, nr.3)

Missionsbeskrivelse med særlige kapitler om lægevæsen, kvinder og ungdom.
Efter hvert kapitel spørgsmål og forslag til videre læsning.

Bachevold, J.   M283

Fra Kina. Fire store glæder. I fare blandt hedninger. Et underligt blad.
(Christelig Samler. Årg.62, 1900, hefte 12, 36 s.)

Tre artikler. Den første en tale af Fru Hudson Taylor, den anden af missionær
A. Argento om overfaldet på hans missionsstation i Honan, og den sidste er om
alle de døde under Bokseropstanden.

Bachevold, J.   M284

Underligt for vore øjne. En sanddru fortælling om Guds førelser med en sjæl
i det fjærne Østen.
(Christelig Samler. Årg.63, 1901, hefte 4, 52 s.)

Beretning om omvendelse og uddannelse af pastor Hsi fra Shansi.

Baker, H. A.   M285

Syner bag forhænget.
Holstebro: Pella. 1945   111 s.
2.udg. 1960.   108 s.
3.udg. Holstebro: Nyt lys. 1974.   107 s.   Med titlen: "Bag forhænget".

Beskrivelse af omstændighederne og indholdet af en gruppe tidligere
tiggerbørns himmelske syner. Fra missionsredningshjemmet "Adullam" i
Yunnanfu.

Bare   M286
Bare denne ene gang.
Kbh.: KMA. 1908. 8 s.
(KMA, nr.63)
En bevægende episode oplevet af fru Hudson Taylor.

Bennetzen, Erik   M287
Dagbogsblade fra Østen.
Kbh.: KFUMs høstmarked. 1937. 16 s.ill.
Kina: s.10-16.
Dagbogsblade fra besøg på Manchuriets missionsstationer februar-april 1937.

Bergmann, Lorenz   M288
Kineserne og den kristne mission. Tre foredrag.
Kbh.: Lehmann & Stage. 1901. 116 s.
En bred beskrivelse af det gamle kinesiske samfund, der via Konfucius og
Laotse når til fremmede trosretninger i Kina. Den katolske mission beskrives
og stilles op som kontrast til de protestantiske bestræbelser. En provokerende
og overraskende bog, fyldt med mange spændende synsvinkler. Tillige letlæst.

Bille, Emerentze   M289
I Østen. Dagbogsblade fra en rejse til Kina.
Kbh.: Lohse. 1922. 316 s.fotos,kort
Fra en rejse februar-oktober 1921 til alle væsentlige danske missionsstationer i
Manchuriet. Omtaler på en let og ubesværet måde både rejsens indtryk og
missionens forhold. Desuden begejstrede beskrivelser fra Peking og Shanghai.

Billeder   M290
Billeder fra Dairen-Djindov Missionariat. Sydmanchuriet.
Kbh.: u.forl. 1913. 16 s.ill.kort
Samtidige tegninger og fotos med korte undertekster. Billedgalleri af kristne
kinesiske evangelister og døbte.

Birkeland, K. B.   M291
**Lysglimt i mørket eller Kristendom og hedenskab. Optegnelser fra en
reise rundt Jorden gjennem Europa, Asia og Amerika. Elleve ugers ophold
hos missionærerne Børresen og Skrefsrud i Santhalistan.**
Kbh.: Johannes Schrøder. 1900. 626 s.fotos
Kina: s.597-620.
Korte besøg i Hong Kong og Shanghai. Ser ned på kineseren, men beskriver
opiumsforholdene ud fra en kritisk holdning til England.

Birket-Smith, Kaj
M292

Tro og trolddom. Kampen mod det onde.
Kbh.: Jespersen og Pio. 1946. 111 s.
Kina: s.89-108
"En kinesisk vismand". Med sympati om taoismen.

Bjørn, E. Th.
M293

Kinas helte. Aut. oversættelse og bearbejdelse af W. P. Nairne: "Yarns on heroes of China" og A. E. Southon: "More Yarns on China".
Kbh.: Lohse. 1929. 174 s.kort
Femten kapitler, hver centreret om en fremtrædende kristen, såvel vestlige
som kinesiske. Strækkende sig fra Morrison til Feng Yu-hsiang. Hovedsageligt
ret banale omvendelseshistorier med et tyndt indhold.

Blauenfeldt, Johanne
M294

**Fru Sia Ahok. En af kinamissionens skønne frugter. Fortalt for danske
missionsvenner.**
Odense: Milo. 1911. 65 s.ill.
Beretning om den kinesiske kvinde Fru Sia Ahok fra Foochow, hendes
omvendelse og rejse i Europa.

Blauenfeldt, Johanne
M295

Kinesiske børn. En børnebog.
Kbh.: DMS. 1910. 56 s.ill.
(Smaaskrifter udgivne af DMS, nr.56)
Beskrivelse af Kina set ud fra børns øjne, dog hele tiden med den belærende og
reflekterende voksnes kommentarer.

Blindehjemmet
M296

Blindehjemmet i Mukden.
Kbh.: i.i.b. 1920. 15 s.ill.
Beskrivelse af blindearbejdet og opfordring til at støtte økonomisk ved Ellen
Plum's, forfatterens, overtagelse af blindehjemmet.

Bolwig, C.
M297

Begyndelsen. Nogle afsnit af DMSs kinamissions historie.
Kbh.: DMS. 1935. 31 s.
Skrevet som supplement til andre beretninger, men er selv en indforstået og
klar skildring af de første år indtil 1905.

Bolwig, C.   M298
   Hvad strygejomfruen blev til. Meddelelser af en dansk kinamissionærs
   liv.
   Kbh.: Lohse. 1920.   83 s.fotos
En varm beretning om Ellen Nielsens barndom og ungdom, samt om hendes
opbygning af pigeskolen i Takushan.

Bolwig, C.   M299
   Udlændingenes forhold til Kina og Bokseroprøret.
   Kbh.: Bethesda. 1903.   135 s.
   (Smaaskrifter udgivne af DMS. Ny række, nr.30)
Kortfattet og velafbalanceret gennemgang af Kinas kontakter med de
fremmede magter, samt Bokseropstanden og missionens placering i det
historiske forløb.

Bolwig, Minna   M300
   Ta-ku-shan.
   Kbh.: DMS. 1921.   28 s.fotos,kort
   (Vore Missionsstationer. - China II)
Jævn skildring af egnen, byen og missionsstationen.

Broomhall, Marshall   M301
   Dr. Lee.
   Kbh.: Kirkelig Forening for den Indre Mission i Danmark. 1910.   68 s.ill.
En prisende beskrivelse af evangelist Dr. Lee (1875-1908) og hans betydning
for missionen.

Broomhall, Marshall   M302
   General Feng. En Jesu Kristi stridsmand.
   Aarhus: De Unges Forlag. 1923.   117 s.fotos
Tøvende, men stort set ukritisk beskrivelse af den kristne general
Feng Yü-hsiang (1882-1948). Skrevet for ungdommen.

Broomhall, Marshall   M303
   Hudson Taylor. En dristig mand. Fortalt for børn.
   Kbh.: Lohse. 1926.   60 s.ill.
Anekdotefyldt, velskrevet levnedsskildring.

Broomhall, Marshall M304
To sandhedssøgere.
Kbh.: DMS. 1924. 152 s.fotos,kort
Om præsterne Chang (død 1904) og Ch'ü (død 1905) og deres virke i
Vest-Shansi. Udførlig skildring af buddhistisk klosterliv.

Brostrøm, Nanny M305
Fra Mesterens værksted. Bibelskolen i Fenghwangcheng.
Kbh.: DMS. 1935. 62 s.fotos
Grundig beskrivelse ved lederen af bibelkvindeskolen fra dets start i 1923.

Bundgaard, Niels M306
Det Danske Missionsselskab.
Kbh.: DMS. 1932. 127 s.ill.kort,indeks,bibl.
Kina: s.71-105, 117-121 og passim
Ikke særligt dybtgående, men enkel og oversigtlig beskrivelse af Manchuriet,
kineserne og missionen. Udførlig missionærliste.

Bundgaard, Niels M307
Det Danske Missionsselskab i dag.
Kbh.: DMS. 1949. 174 s.ill.kort,indeks,bibl.
Kina: s.89-132, 159-165 og passim
En gentagelse og ájourføring af 1932-udgavens beskrivelse.

Bundgaard, Niels M308
Det Danske Missionsselskabs historie. I: Missionsmenigheden i Danmark.
Kbh.: DMS. 1935. 398 s.ill.indeks,bibl.
Kina: passim
Grundig beskrivelse af missionens basis. Udførlig missionærliste.

Burns M309
William Chalmers Burns. Missionær i Kina
Kbh.: Christelig Samler. 1893. s.289-350
(Særtryk af Christlig Samler, 3. række, Årg.9)
(Christelige Livsbilleder, nr.106)
En inderlig beretning om den første missionær fra det engelsk-presbyterianske
selskab til Kina, 1847.

Bækdahl, Emil   M310
  Smaatræk fra Kinas folkeliv, og missionsarbejde i Kina.
  Aarhus: Eget forlag. 1923. 63 s.ill.
Fordomsfyldt, og påtrængende inderlig, med uddrag af forfatterens eget
tidsskrift "En røst i ørkenen".

Cable, Mildred og Francesca French   M311
  Ad Asiens ældgamle veje.
  Aarhus: De Unges Forlag. 1934. 205 s.fotos,kort
En fascinerende biografisk, geografisk og missionshistorisk beskrivelse.

Ch'en, Ch'i   M312
  Ch'en Ch'i. Breve fra en ung kristen kineser. Samlet og udgivet af Poul H.
  Baagøe.
  Aarhus: De Unges Forlag. 1919. 67 s.ill.
Breve til familien Bolwig. Et nært og ægte udtryk for en ung kristen kinesers
tanker. Understøttet af familien Bolwigs personlige indtryk.

Christensen, Alfred   M313
  Hedenske sandhedssøgere. Et tekstudvalg.
  Kbh.: Munksgaard. 1943. 68 s.
  (Religions- og Kristendomskundskab for den højere skole, I)
  Kina: s.31-37
Uddrag fra Konfucius og Laotse.

Christensen, Anders   M314
  Ungdom der vaagner. Lidt om arbejdet blandt Chinas unge mænd.
  Kbh.: DMS. 1915. 81 s.ill.bibl.
En veldisponeret skildring af KFUM og ungdommen i Kina. Er meget
sympatisk stemt for Yuan Shi-kai og regeringen.

Christensen, Anna   M315
  Den søgende hyrde. Oplevelser og glimt fra vækkelsestiden i Kina.
  Kbh.: Lohse. 1961. 118 s.
  Fotografisk optryk. Lohse. 1971.
Erindringer fra forfatterens virke i bl.a. Shansi og Honan for Kina Indland
Missionen, 1915 til ca. 1950.

Christensen, Esther   M316
  Danske skolebørn i Østen.
  (Vor ungdom. Årg.60, 1938, hefte 3, s.131-135, foto)
Småindtryk fra skolen i Antung.

Christie, Dugald   M317
**Tredive aar i Mukden. En bearbejdelse af den engelske udgave ved Frede
Brøndsted.**
Kbh.: DMS. 1916.   119 s.ill.
(Missions-Bibliotheket, 1916,hefte 2-4)
Yderst interessant og informativt erindringsværk af den mand, der skabte
lægemissionen i Manchuriet.

Chrysanthemum   M318
Chrysanthemum
Kbh.: Lohse. 1929. 32 s.
(Gudelige Smaaskrifter, nr.652)
Solstrålehistorie om en blind kinesisk piges trængsler indtil hun ved
missionærers hjælp optages på en blindeskole.

Conrad, Robert   M319
Førend de raaber.
Kbh.: Korsets Evangelium. 1948.   89 s.ill.kort
Underholdende erindringer fra forfatterens tid som missionær i Syd-Yunnan
efter 1938.

Coppock, Grace   M320
**Den nuværende situation i Kinas KFUK. Foredrag holdt ved
verdenskonferencen i Stockholm juni 1914.**
Aarhus: De Unges Forlag. 1915.   19 s.
Et begejstrende foredrag der fremhæver udfordringen og vanskelighederne
efter den kinesiske revolution.

Corbin, I. A.   M321
Yang. Den gaadefulde mand.
Kbh.: Dansk Traktatselskab. 1936.   16 s.
(Lejrbaals-biblioteket, nr.6)
Om indsmugling af bibler i Lhasa. Ganske illustrativ.

Daniel-Rops   M322
Guds eventyrere. Seks pionerer i missionsarbejdet.
Kbh.: D.B.K. 1958. 128 s.fotos,kort
(Særudgave af "Med livet som indsats", Don Bosco Bøgerne, nr.3)
Kina: s.109-125
Om Pater Nussbaum, martyr i Tibet 1941.

Dansk   M323

Dansk lægemission blandt ikke-kristne folkeslag.
Kbh.: Kristelig Lægeforening og DMS. 1948.   216 s.fotos,indeks,bibl.
Kina: s.93-135 og passim
Lægemissionens historie og samtidige forhold, skrevet af S. A. Ellerbek.

Dansk   M324

Dansk Missions-album. Billedsamlig nr.1, samlet af C.L.T.
Kbh.: KFUMs Missionskomité. 1907.   41 s.ill.kort
Kina: s.25-41
Ved C. L. Toft.

De   M325

De, som bærer godt budskab. LMFs medlemmer paa missionsmarken, 1934.
Kbh.: u.forl. 1934.   57 s.ill.
Kina: s.41-48
Biografier af LMFs medlemmer i Kina.

Derude   M326

Derude fra. Hilsen fra ungdomsarbejdet paa missionsmarken.
Kbh.: u.forl. 1915.   28 s.ill.
(Særtryk af "Maanedsblad for KFUM i København")
Kina: s.5-12, 22-28
Korte bidrag af Johs. Rasmussen, P. Nørgaard og Anders Christensen.

DMS   M327

**DMS. Album. Det Danske Missionsselskabs aktive og pensionerede
missionærer samt hjemmearbejdere og bestyrelse. 1950.**
Kbh.: Lohse. 1950.   85 s.fotos,kort,indeks
2.rev.udg. Lohse. 1952.   81 s.ill.kort
Kina: s.33-58
2.udg.: s.37-53
Den hurtigste oversigt over de sidste års missionærer. Med portrætter.

DMS   M328

**DMS. En hilsen og tak til Guds menighed i Danmark. I anledning af
hundrede-aars-jubilæet 17. juni 1921.**
Kbh.: DMS. 1921.   87 s.ill.kort
Kina: s.66-86 og passim
"25 aars missionsarbejde i Manchuriet" af Eilert Morthensen, og
"Hjertemarken" af Chr. Waidtløw.

Doherty, P. J.   M329
   Afgudstemplets fange.
   Kbh.: Dansk Traktatselskab. 1935.   16 s.
   (Lejrbaals-biblioteket, nr.2)
Kamp mod buddhister og røvere som optakt til en omvendelseshistorie.

Drenge   M330
   Drenge og drenge. Skildringer fra missionsmarken.
   Kbh.: Kirkelig Forening for den Indre Mission i Danmark. 1909.   155 s.ill.
   Kina: s.98-108
Fordomsfyldt opregning af forskelle mellem en kinesisk dreng og en kristen
engelsk dreng, ved C. T. Studd.

Drømmen   M331
   **Drømmen som blev virkelighed. Den kristne buddhistmission gennem
   25 aar.**
   Kbh.: Gad. 1947.   88 s.
Erindringskapitler af bl.a. K. L. Reichelt, G. M. Reichelt og Antonette
Prip-Møller.

Edkins   M332
   Fru Jane Edkins, født Stobbs.
   (Christelig Samler, 3. række, Årg.10, 1894, s.3-46)
   (Christelige Livsbilleder, nr.107)
Langsomt strømmende inderlig beskrivelse af Edkins' liv og sidste virke som
missionær i Kina, 1859-1861.

Ellerbek, S. A.   M333
   Antung ved Jalufloden.
   Kbh.: Kirkelig Forening for den Indre Mission i Danmark. 1910.   34 s.ill.
   (Missions-biblioteket, 1910, hefte 1)
Nøgtern kulturgeografisk beskrivelse med missionen let tilføjet.

Ellerbek, S. A.   M334
   Beretning fra hospitalet i Antung.
   Kbh.: u.forl. 1908.   15 s.ill.
En enkel beskrivelse formet som et brev hjem 1. januar 1908.

Ellerbek, S. A.   M335
   Fra lægemissionen i Antung.
   Kbh.: DMS. 1911.   56 s.ill.
En nær beskrivelse af medhjælpere og patienter på hospitalet.

Ellerbek, S. A.   M336
Fra lægeskolen i Mukden.
Kbh.: DMS. 1928. 76 s.fotos
Fordringsløse skitser med udspring i forfatterens varme tilknytning til de
uddannede læger.

Ellerbek, S. A.   M337
Moukden medical college.
Kbh.: u.forl. u.å. 11 s.
I grove træk lægeskolens organisation.

Ellerbek, S. A.   M338
Opgangstider i den manchuriske kirke.
Kbh.: DMS. 1935. 33 s.
En glad og optimistisk beskrivelse af den værende tilstand for missionen.

Ewing, Orr   M339
Vækkelsen i Kiangsi.
Kbh.: KMA. 1908. 16 s.
(KMA, nr.68)
En noget opskruet beretning om masseomvendelse under Kina Indland
Missionen.

Fenger, Sven   M340
Religionshistoriske tekster i dansk oversættelse.
Kbh.: Pio. 1919. 285 s.bibl.
Udkommet i adskillige udgaver.
Kina: s.259-280
Et afsnuppet udvalg af de konfucianske klassikere. Ligeledes om taoismen,
ved Victor Dantzer.

Flugten   M341
**Flugten, eller "For Gud er intet umuligt". Tre missionssøstres rejse fra det
indre Kina til kysten, af S. E.-M. Udgivet ved C. Asschenfeldt Hansen.**
(Christelig Samler, 1901, hefte 5, 51 s.)
En frygtvækkende beskrivelse af tre svenske missionærers flugt under
Bokseropstanden.

Folke, E.   M342
Kinas kvinder. Missionsforedrag
Kbh.: KMA. 1907. 14 s.
(KMA, nr.59)
En række små beretninger om kvindernes undertrykkelse, men med håb for
fremtiden.

For   M343
For drenge og piger. 50 smaatræk.
Kbh.: Kirkeklokken. u.å. 96 s.
Kina: s.73-79
To små anekdotiske historier om barnedrab og en drengs omvendelse.

Fortegnelse   M344
**Fortegnelse over bøger og piecer angaaende Kina, kinesisk buddhisme og
kristen mission.**
Kbh.: u.forl. 1943. 16 s.
Kommenteret bibliografi udarbejdet af H. Fugl-Meyer.

Fortegnelse   M345
**Fortegnelse over missionslitteraturen i afdelingen for udlaan. Det Danske
Missionsselskabs bibliotek.**
Kbh.: DMS. 1918. 64 s.
Fortegnelsen indeholder ingen annotationer.

Fra   M346
Fra DMSs arbejdsmark.
Aalborg: DMSs kvindekredse, Aalborg. u.å. 16 s.ill.
Kina: s.6-11
Fru M. Olsen fortæller en omvendelseshistorie knyttet til lægegerningen.

Fra   M347
Fra Edinburgh-konferencen. 1: Kina.
Kbh.: DMS. 1912. 30 s.
(Særtryk af "Nordisk Missionstidsskrift)
Skematisk og faktuel oversigt over missionens resultater, midler og mål.

Fra   M348
Fra missionsudstillingen i Kolding 1911.
Kbh.: u.forl. 1911. 42 s.
Kina: passim
Foredrag af bl.a. Johs. Nyholm, Johs. Rasmussen og S. A. Ellerbek.

Fra M349

Fra vor arbejdsmark blandt Kinas kvinder. Smaatræk fra livet ude og hjemme. Samlet af K.P.
Kbh.: Lohse. 1931. 56 s.
Episoder fortalt af Feodora Morthensen, Minna Frantzen, Karen Gormsen, Jakobine Hagelskjær, Anne Poulsen og Kirstine Pallesen.

Frantzen, Minna M350

Hjælp til gennemgang af studiekredse af "Fra brydningstiden i China" af Dr. F. L. Hawks Pott.
Kbh.: DMS. 1917. 12 s.

Frantzen, Minna M351

Smaa glimt fra et langt liv.
Kbh.: DMS. 1950. 79 s.
Kina: s.49-58
Kina set med den betagede rejsendes øjne.

Fries, Karl M352

John R. Mott. En leder af verdensbevægelser.
Kbh.: Lohse. 1915. 126 s.fotos
Kina: passim
Et forsøg på en dæmpet beskrivelse, der er ved at sprænges af beundring.

Frimer-Larsen, V. M353

I dødens skygge.
Kbh.: DMS. 1938. 22 s.fotos
Korte anekdotisk-faktuelle erindringssnit fra forfatterens virke i Kina, 1930-1946.

Gaa M354

Gaa ud i alverden. Festskrift ved Det Danske Missionsselskabs 125 aars jubilæum 17. juni 1946.
Kbh.: DMS. 1946. 108 s.ill.fotos,kort
Kina: s.43-52 og passim
En enkel og reel beskrivelse ved S. A. Ellerbek.

Gilmour, James M355

Blandt mongolerne.
Kbh.: C. B. Kjær. 1903. 321 s.
Meget velskrevne og uhøjtidelige beretninger af "den første" Vestlige missionær i Mongoliet.

Gormsen, Karen   M356

Mine børn i Kina. Ved Agnes Albinus-Jørgensen.
Kbh.: DMS. 1961. 82 s.fotos
1906-1950 i Kina, nedskrevet efter Karen Gormsens fortælling. Prunkløse men
funklende erindringer.

Grove-Rasmussen, A. C. L.   M357

Missions-foredrag.
Kbh.: Gad. 1888. 344 s.
Kina: s.205-222, 323-344 og passim
En overmåde varm skildring af kinesiske egenskaber, samt beretning om
missionær A. E. Moule og Harold Schofield.

Grove-Rasmussen, A. C. L.   M358

Nutidsmartyrer. 1: Søstrene Saunders.
Kbh.: Kirkelig Forening for den Indre Mission i Danmark. 1897. 82 s.ill.
En stærkt kulminerende beskrivelse af søstrenes virke og martyrium i Fukien.

Grove-Rasmussen, A. C. L.   M359

Nutidsmartyrer. 2: Familien Stewart
Kbh.: Kirkelig Forening for den Indre Mission i Danmark. 1897. 75 s.
Familiens virke i Fukien 1876-1896 og det afsluttende martyrium.

Grove-Rasmussen, A. C. L.   M360

Om og fra missionen.
Odense: Milo. 1895. 320 s.ill.fotos
Kina: s.99-111, 155-207 og 266-284
Enkle afklarede stykker om Robert Morrison, J. Hudson Taylor og om
"Syvstjernen". Desuden om byen Foochow.

Grove-Rasmussen, V.   M361

Bogfortegnelse for Det Danske Missionsselskabs bibliothek.
Kbh.: Bethesda. 1902. 42 s.
(Smaaskrifter udgivne af DMS. Ny række, nr.29)
Fortegnelsen indeholder ingen annotationer.

Grubb, Norman P.   M362

C. T. Studd. Kricketspiller og missionshelt.
Kbh.: Mod Målet. 1951. 80 s.
Kina: s.7-37
Levende skildring af én af "Syvstjernen fra Cambridge".

Græsholt, Thorkild og Egon Nielsen M363

Mission er mennesker. Glimt fra Det Danske Missionsselskabs arbejdsområder gennem 150 år.
Kbh.: DMS. 1971. 154 s.ill.fotos
Kina: s.67-104
En stor samling kommenterede billeder fra missionen i Manchuriet og på Taiwan.

Guds M364

Guds kirke bygges. Kirkerne paa Det Danske Missionsselskabs marker i ord og billede.
Kbh.: DMS. 1941. 80 s.fotos
Kina: s.41-75
Billeder af kirker, kapeller og interiører. Omgivet af missionens virksomhed beskrevet af Aagaard Poulsen, samt bygningernes historie ved Elise Bahnson.

Gullach-Jensen, Thyra M365

DMS i Manchuriet. En ledetraad til indførelse i arbejdet.
Kbh.: DMS. 1937. 147 s.fotos,kort
En leksikonagtig beskrivelse af missionen i Manchuriet, med udførlige litteraturhenvisninger. Uundværlig for enhver beskæftigelse med dansk mission i Kina.

Gundert M366

De evangeliske missionsselskaber. Efter Dr. Gunderts "Die evangelische Mission".
Kbh.: Bethesda. 1897. 71 s.
(Smaaskrifter udgivne af DMS. Ny række, nr.13)
Kina: passim
Gavnlig oversigt, der giver overblik over hvilke andre missionsselskaber, der virkede i Kina.

Gøtzsche, Ellen M367

Vest - Øst. Festskrift ved 25 aars jubilæum for KFUKs hedningemission, 1910-1935.
Kbh.: KFUKs Missionskomité. 1935. 95 s.ill.kort
Kina: s.48-76, 83-89 og passim
Kvindearbejdet uddraget fra de enkelte missionsstationer. Enkel og letlæselig.

Hansen, Chr.   M368
**William Chalmers Burns, født 1.4.1815 - død 4.4.1868. En indremissionær
som blev een af banebryderne for vor tids kinamission.**
Kbh.: Kirkelig Forening for den Indre Mission i Danmark. 1910. 40 s.
(Missions-bibliotheket, 1910, Hefte 2)
En enkel og åben beskrivelse uden overdreven lovprisning.

Hansen, H. P.   M369
**Missionsmarkens helteskikkelser i sneens regioner. Med en indledning om
missionsmarkens farer. Fortalt for ungdommen.**
Odense: Milo. 1912. 96 s.ill.
Kina: s.84-96
En skildring af Huc og Gabet's rejse gennem Tibet 1845-46.

Hansen, Oscar   M370
Fra åndslivet i det klassiske Kina.
Kbh.: Gjellerup. 1894. 191 s.ill.kort
Ret fyldig og tekstnær gennemgang af specielt Laotse og Konfucius.

Hansen, Oscar   M371
Kortfattet fremstilling af de østasiatiske religioner.
Kbh.: Gjellerup. 1893. 88 s.
Kina: s.1-17
Kortfattet, tør gennemgang beregnet for skolens højere klasser.

Harnett, Kathleen og William Paton   M372
Guds kongevej. Nutidsbevægelser i Østen og i Afrika.
Kbh.: DMS. 1921. 199 s.indeks,bibl.
Kina: s.35-83 og passim
Grundbog for studiekredse med vægt på den nyeste historie og sociale
bevægelser, mindre på missionen. Spørgsmål ved Minna Frantzen.

Haugsted, Ejler   M373
Katalog over Vahls missionsbibliotek i Statsbiblioteket i Aarhus.
Kbh.: Munksgaard. 1942. 373 s.fotos,indeks
Den hidtil største bibliografi over dansk missionslitteratur, og tillige
omfattende meget udenlandsk materiale. Ikke annoteret.

Herrens   M374

Herrens gerning i Syd Yunnan.
Kbh.: Kirkeklokken. u.å. 95 s.ill.kort
Martha Fullerton beskriver sit og sin mands virke i Yunnan fra 1912 til 1920.
Gode ligefremme beskrivelser af minoriteterne.

Hertz, Dagmar   M375

En tur paa landet i Kina. Fortalt for børn.
Kbh.: DMS. 1910. 16 s.ill.
Enkel og dæmpet fortalt episode fra missionen.

Hesse, J.   M376

Bibelens sejrsgang gennem hedningeverdenen. 2 Bd.
Kbh.: DMS. 1915-1918. 119,167 s.
Kina: passim
Gennem uddrag af missionærers egne beretninger skildres missionens
virkelighed og farer. Den sammenkædende tekst er ofte anekdotisk og med
kulørt tendens.

Hjeresen, Axel   M377

Danmarks indsats i verdensmissionen.
Aarhus: Aros. 1947. 23 s.bibl.
Kina: passim
Kort og nøgternt indfølt.

Hjeresen, Axel   M378

**Fra Buddhas klostre til Kristi kirke. Håndbog og studievejledning for Den
kristne Buddhistmission.**
Kbh.: Gad. 1948. 64 s.bibl.
Komprimeret informativ indføring i buddhistmissionen i Kina.

Hjeresen, Axel   M379

**Missionærer og medarbejdere ved Den nordiske kristne Buddhistmission.
Billeder og biografiske oplysninger samlet af -.**
2.udg. Kbh.: Gad. 1951. 15 s.ill.

Holm, Frits   M380

Den danske nestorianerekspedition til Sian-fu, 1907-08.
(Gads Danske Magasin, 1909-1910, s.697-700,foto)
Ekspedition ene mand for at hjemføre en replika af Nestorianer-stenen.

Holm, Mary   M381
Ved min Guds hjælp springer jeg over volde.
u.st.: Eget forlag. 1982.   48 s.
Om missionærens virke og egne anfægtelser. Forfatteren er Merry Holm.

Holm, Merry   M382
Fra mørke til lys.
Kbh.: DMS. 1941.   37 s.ill.
Li Gvedøn's livs- og omvendelseshistorie.

Holm, Merry   M383
"Sandodden" og andre fortællinger.
Kbh.: DMS. 1940.   47 s.fotos
Korte socialrealistiske omvendelseshistorier fra Manchuriet.

Holstein, Aa. v.   M384
Kinas missions historie i store træk. 5 Hefter.
Kbh.: LYM. 1920-1921.   15,15,15,12,11 s.bibl.
Enkel og informativ indførelse i Kinas protestantiske missionshistorie.

Holt, Axel og Kaj Olsen   M385
Skolen i Brændehuggerdalen. Pitsaikou-gymnasiets første 25 år.
Kbh.: DMS. 1938.   71 s.fotos
Erindringskapitler af forfatterne, samt en større samling billeder fra
gymnasiet.

Holt, Paul   M386
En stor dansk kvinde.
(Det tredje standpunkt. Årg.5, 1942, nr.10, s.463-468)
Anmeldelse af P. H. Baagøe's bog "Set udefra" (1942) med vægt på Ellen
Nielsen.

Hope, Ludvig   M387
Fra en jordomrejse. Friske indtryk fra missionsarbejdet i Manchoukuo.
Kbh.: DMS. 1940.   93 s.fotos,kort
Uddrag fra den norske generalsekretærs rejse i Manchuriet til især norske
missionsstationer.

Horsburgh, J. Heywood   M388
"Sig ikke", eller kirkens undskyldninger for dens forsømmelse mod hedningerne.
Kbh.: Bethesda. 1892.   48 s.
Kina: passim
Prikker hul på alle dårlige undskyldninger for ikke at blive missionær eller støtte missionen.

Hvordan   M389
Hvordan Chr. Waidtløw fik en hel del smaa venner, og hvad han skrev til dem.
Kbh.: R. W. Winkel. 1896.   37 s.ill.
Chr. Waidtløw's breve hjem til søndagsskolebørn, 1893-1896.

Høgsgaard, Oline   M390
Jeg kan jo se. Livsskildringer fra Manchuriet.
Kbh.: DMS. 1941.   40 s.fotos
Små, varme erindringsstrejf fra tiden i Kina.

Høyer, Kr.   M391
Kortbog for dansk mission.
Aalborg: u.forl. 1904.   30 s.ill.kort
Foruden kort, også statistiske oplysninger om landet og missionen.

I   M392
I evangeliets tjeneste. Biografier af arbejdere i Det Danske Missionsselskab. 1943.
Kbh.: DMS. 1943.   130 s.fotos
Kina: s.50-83, 84-128
Harald P. Madsen om Johannes August Vyff.
C. Rendtorff om Axel Holt.

I   M393
I evangeliets tjeneste. Biografier af arbejdere i Det Danske Missionsselskab. 1944.
Kbh.: DMS. 1944.   136 s.fotos
Kina: s.5-16, 17-61
Grethe Baagøe om Agnes Eleonore Hauch.
Niels Bundgaard om Johannes Nyholm.

I   M394

I evangeliets tjeneste. Biografier af arbejdere i Det Danske
Missionsselskab. 1945.
Kbh.: DMS. 1945.   147 s.fotos
Kina: s.108-145
A. J. Sørensen om Jens Christian Lykkegaard.

I   M395

I evangeliets tjeneste. Biografier af arbejdere i Det Danske
Missionsselskab. 1946.
Kbh.: DMS. 1946.   136 s.fotos
Kina: s.5-38, 39-75, 86-135
Christian Madsen om Jørgen Emil Jensen.
Niels Bundgaard om Niels Nielsen.
Harald P. Madsen om Eilert Morthensen.

I   M396

I evangeliets tjeneste. Biografier af arbejdere i Det Danske
Missionsselskab. 1947.
Kbh.: DMS. 1947.   147 s.fotos
Kina: s.45-76, 77-109
S. A. Ellerbek om Johannes Witt.
Niels Bundgaard om Jens Vahl.

I   M397

I evangeliets tjeneste. Biografier af arbejdere i Det Danske
Missionsselskab. 1949.
Kbh.: DMS. 1949.   164 s.fotos
Kina: s.52-89, 127-163
Ludvig Willer om Villy Frimer-Larsen.
Niels Bundgaard om Theodor Løgstrup.

I   M398

I evangeliets tjeneste. Biografier af arbejdere i Det Danske
Missionsselskab. 1951.
Kbh.: DMS. 1951.   133 s.fotos
Kina: s.7-46
C. Christensen om Christian Waidtløw.

I   M399

I evangeliets tjeneste. Biografier af arbejdere i Det Danske
Missionsselskab. 1953.
Kbh.: DMS. 1953.   117 s.fotos
Kina: s.31-58, 59-84
N. Buch om C. Bolwig.
Povl Hedemann Baagøe om Johannes Rasmussen.

I   M400

I evangeliets tjeneste. Biografier af arbejdere i Det Danske
Missionsselskab. 1955.
Kbh.: DMS. 1955.   109 s.fotos
Kina: s.7-48, 75-109
E. Gjærulf Larsen om P. N. Pedersen.
Niels Bundgaard om Niels Kristiansen.

Illion, Theodore   M401

Blandt tibetanske mystikere.
Kbh.: ASA. 1940.   183 s.fotos
En udfordring til læseren. Er disse beskrivelser troværdige eller ej?
Fantastiske er de i hvert fald, og spændende som en roman.

Illustrerede   M402

Illustrerede missionsfortællinger for børn. Af forsk. missionærer. Nr.2
Kbh.: KMA. 1906.   20 s.ill.
(KMA, nr.50)
Kina: s.3-8
Fordomsfyldt og fordrejende.

Ishøy, C. K.   M403

Vore missionsmarker i Indien og Kina. En vejledning for børn.
Vorupør: Menighedssamfundet i Vorupør. 1908.   18 s.kort
Kina: s.15-18
Leksikale oplysninger om DMS i Manchuriet.

Jacobsen, O. Thune   M404

Grundtræk af det religiøse aandslivs udviklingshistorie.
Kbh.: Gad. 1909. 517 s.
Kina: s.17-51

Forfomsfyldt gennemgang af østasiatiske tankesystemer, som efter
forfatterens mening befinder sig på et lavere stade (af den samme udvikling)
end det nordeuropæerne er nået til. Bygger først og fremmest på J. Henningsen
og Arthur Smith (Chinese Characteristics).

Jensen, Axel   M405

Mit kald til Kina. Oplevelser i Syd-Yunnan.
Kbh.: Kirkeklokken. 1946.   197 s.ill.kort

Detaljerede og velskrevne erindringer fra forfatterens tid som missionær ved
Syd-Yunnan-missionen, 1928-1945.

Jensen, Svend Aage   M406

Bøger om Kina. En bogfortegnelse.
Aarhus: KFUMs Missionskomité. 1935.   40 s.

Kommenteret liste over danske og enkelte norske bøger og artikler. Omfatter
alle emner, men med vægt på religion.

Juhl, Hans Oluf   M407

Ad en bugtet vej.
u.st.: privattryk. 1959.   91 s.
Kina: s.43-71

Personlige erindringer fra tiden som missionær, 1920-26.

Juhl, Hans Oluf   M408

Chinas kirke. Beretning fra konferencen i Shanghai den 5.-7.januar 1926.
Kbh.: DMS. 1926. 48 s.

Levende og velskrevet referat af temaerne fra konferencen.

Jørgensen, Harald F.   M409

**Hvor danske missionærer arbejder. Kort oversigt over de danske
missionsmarker med 10 kort.**
Kbh.: Gyldendal. 1921.   115 s.kort
Kina: s.7-26

Tilstræbt populær gennemgang af de enkelte missionsstationer i Manchuriet.

Jørgensen, Harald F.   M410

Skandinaver paa missionsmarken.
Graasten: Folkung. 1944.   39 s.ill.kort
Kina: s.30-37
Farveløs gennemgang af kinamissionen. Omfatter også buddhistmissionen.

Jørgensen, Harald F.   M411

**Statistiske oplysninger om de nordiske landes missioner i årene 1910, 1915
og 1920. Udarbejdet i anledning af det nordiske delegeretmøde for ydre
mission i København i maj 1922.**
Kbh.: u.forl. 1922.   4 tvl.

Kalkar, Chr. H.   M412

Den christelige mission blandt hedningerne. Bd.2
Kbh.: Reitzel. 1879.   336 s.indeks
Kina: s.1-66
En samskrivning og ájourføring af nr.413 og nr.414.

Kalkar, Chr. H.   M413

Den evangeliske missions historie.
Kbh.: Reitzel. 1857.   294 s.
Kina: s.81-89
En kortfattet, lavt prioriteret gennemgang af kinesiske forhold.

Kalkar, Chr. H.   M414

Den katholske missions historie.
Kbh.: u.forl. 1862.   316 s.
Kina: s.1-55
Et tilstræbt nuanceret syn på den katolske mission. Baseret på de originale
katolske beretninger. Ganske detaljeret, og for sin tid en banebrydende
skildring.

Kalkar, Chr. H.   M415

Kort udsigt over den evangeliske missions fremgang i China.
Kbh.: Den chinesiske Missionsforening. 1860.   16 s.
En umiddelbar, usminket beskrivelse af forfatterens opfattelse af Kina. En
tiltalende repræsentant for publikationer i tiden før egen dansk mission i
Kina.

Kalkar, Chr. H. — M416
Robert Morrison og den evangeliske mission i China.
Kbh.: DMS. 1870. 20 s.
(Smaaskrifter udgivne af DMS, nr.1)
En hyldest til stille, livslang flid.

Katalog — M417
Katalog over Akademisk Missionskreds Bibliotek.
Kbh.: u.forl. 1907. 31 s.

Katalog — M418
Katalog over De kristelige Studenterforeningers Missions-Bibliotek.
Kbh.: i.i.b. 1914. 40 s.

Kellogg, S. H. — M419
Kristendommen og de ikke-kristne religioner. En sammenligning af deres syn paa de religiøse hovedbegreber.
Kbh.: DMS. 1913. 168 s.indeks
Kina: passim

Kelsey, K. — M420
Li Pings løfte.
Kbh.: Dansk Traktatselskab. 1936. 16 s.
(Lejrbaalsbiblioteket, nr.12)
Kulørt-agitatorisk beskrivelse af kristen kamp mod røvere og røde.

KFUK — M421
KFUK - DMS 1910-1920
Kbh.: KFUKs Missionskomité. 1920. 39 s.ill.
Kina: passim
Om udsendelse af kvindelige missionærer. Problemer og resultater.

KFUM — M422
KFUMs arbejde i Kina.
Aarhus: De Unges Forlag. 1922. 40 s.ill.
Enkle opsatser ved S. A. Ellerbek, Povl Baagøe, Chr. Madsen og Eilert Morthensen.

Kiesow, Margaret M423

Fem år i det nye Kina.
Kbh.: DMS. 1956. 62 s.ill.
Nuanceret og spændende opsummering af egne erfaringer som lærer 1948-1953
ved et kristent universitet.

Kina M424

Kina og kinamissionen.
Kbh.: Den danske Baptist-Literatur-Komité. 1898. 24 s.bibl.
Beregnet som grundbog for ungdomsstudiekredse. Med speciel vægt på
baptistiske synspunkter.

Knudsen, Sven V. M425

Alverdens glade drenge. Bd.2: Østen.
Kbh.: Hasselbalch. 1924. 195 s.fotos
Kina: s.91-124
En munter beskrivelse af blandt andet KFUM.

Koch, Hans M426

Politik og mission i Kina. 1912-1942.
Kbh.: Lohse. 1943. 118 s.fotos,kort,bibl.
Velskrevet gennemgang af perioden med hovedvægten lagt på forholdet
mellem Kuomintang og missionen.

Koo, T. Z. M427

KFUM i Kina før og nu.
Aarhus: KFUMs Missionskomité. 1926. 15 s.ill.
Kortfattet historisk rids, samt fremtidsvisioner.

Koo, T. Z. M428

**Kina for Kristus. Taler af T. Z. Koo sommeren 1924. Med et forord af
Olfert Ricard.**
Aarhus: De Unges Forlag. 1925. 85 s.fotos
Koo præsenterer sit syn på den nyeste kinesiske historie, samt sine politiske
og religiøse fremtidsvisioner for Kina.

Kort   M429

**En kort beretning om Carl Gützlaff og den chinesiske mission. Udgivet som
indbydelse til at virke for christendommens udbredelse i China af nogle
venner af missionen.**
Kbh.: i.i.b. 1850. 16 s.
Hånd i hånd med de britiske krigsskibe bringes det kristne budskab til Kina
med Gützlaff. Begejstret skildring af sammenhængen.

Kort   M430

**En kort oversigt over Det Danske Missionsselskabs arbejde i Indien og
Kina.**
Thisted: u.forl. 1905. 16 s.
2.opl. 1907. 15 s.kort
Kina: s.12-16
2.opl.: s.12-15
Udarbejdet af J. Munk-Poulsen og C. K. Ishøi. Med korte statistiske og
historiske oplysninger. 2.opl. med mindre ændringer.

Kostskolen   M431

Kostskolen i Takushan. Gennem femogtyve aar.
Kbh.: Eget forlag. 1928. 78 s.fotos
Korte tekster af Astrid Poulsen og Ellen Nielsen til et righoldigt
billedudvalg.

Kristelig Gartnerkreds   M432

Kristelig Gartnerkeds. 1918-1968
u.st.: Kristelig Gartnerkreds. 1969. 47 s.ill.
Kina: s.11-32
Erindringer ved Kaj Olsen og beskrivelse af de første femten år ved Aksel
Olsen.

Kristeligt Dagblad   M433

Kristeligt Dagblad's kroniker. 1.række
Kbh.: Kristeligt Dagblad. 1914. 98 s.
(Særtryk af Kristeligt Dagblad)
Kina: s.47-50, 86-87, 90-91
Missionær N. Kristiansen om konfucianismens fornyede styrke. Og John R.
Mott om sit besøg i Kina.

Krohn, Vilh.   M434

Lægemissionens historie i korte træk. Bearbejdet af -. efter Dr. Herman Feldtmanns "Die aertzliche Mission".
Kbh.: DMS. 1908.   135 s.indeks
(Smaaskrifter udgivne af DMS, ny række, nr.47)
Kina: passim
Korte, faktuelle oplysninger om aktiviteterne på lægemissionens område.

Krohn, Volmer   M435

Indblik i religioner udenfor kristendommen.
Kbh.: Kirkelig Forening for den Indre Mission i Danmark. 1908.   60 s.bibl.
(Missions-bibliotheket, 1908, hefte 2-3)
Kina: s.45-58
Kort fremlægning af taoisme, konfucianisme og buddhisme.

Kruse, Alfred   M436

Ungdom og mission
Odense: Milo. 1908.   72 s.
Kina: s.57-72 og passim
En selvstændig vurdering af Pastor Hsi.

Kvindelige   M437

Kvindelige missionærer i Indien og Kina 1929.
Kbh.: KFUKs Missionskomité. 1929.   31 s.ill.
Kina: s.15-30

Kypke, H.   M438

Missionshistorie for menigheden. Gjennemset og ført videre til nutiden af Provst Vahl.
Sæby: Frederiksen, Missionsbudets kontor. 1890.   205 s.
Kortfattet og utrolig fordomsfyldt gennemgang af kinesiske samfunds- og missionsforhold.

Lack, C. N.   M439

Landmanden Wu. Manden der døbte sig selv.
Kbh.: DMS. 1930.   40 s.ill.
Velskrevet omvendelseshistorie fra Honanprovinsen. Lige før århundredeskiftet.

Lambert, John C. M440

Helte paa missionsmarken. Første del.
Kbh.: Kirkeklokken. 1911.   123 s.ill.fotos
Ny udg. 1917.   123 s.
Udg. 1926.   105 s.
Kina: s.5-14, 37-63
Skildringer af Gilmour, Mackay, Annie Taylor og Westwater. Med vægt på
det eventyrlige og dramatiske. Vignetterne i de tre udgaver er forskellige.

Lange, H. O. M441

**Buddhistmissionen. Hvad er den og hvad vil den? En appel til den danske
menighed. Med indledning af Hans Koch.**
Kbh.: Gad. 1928.   15 s.bibl.
2.udg. 1930.   15 s.
3.udg. i.i.b.1941.   16 s. ved H. O. Lange og H. F. Jørgensen
(Den kristne mission blandt Kinas buddhister)
Et let oversigtligt præsentationsskrift.

Lange, P. H. M442

Mørke og lys i missionens historie.
Kbh.: De Unges Forlag. 1939.   199 s.fotos,kort,bibl.
2.udg. 1949.   216 s.ill.kort
Kina: s.142-156
2.udg. s.156-169
Sympatiserende, kortfattet beskrivelse af kinesiske forhold.

Larsen. E. Gjærulf M443

Af en Ringkøbingdrengs historie. Lægemissionær S. A. Ellerbek.
Kbh.: DMS. 1958.   79 s.fotos
En nøgtern og kortfattet biografi over én af de mest markante personligheder
blandt danske kinamissionærer. Baseret på Ellerbeks egne optegnelser.

Larsen, Emil M444

En søndagsskoledreng der blev til noget.
Aalborg: Dansk Søndagsskoleforening. 1942.   8 s.
Om Robert Morrison.

Lehmann, Edv. M445

Illustreret religionshistorie. Udg. ved -.
Kbh.: Gad. 1926.   588 s.ill.kort,indeks,bibl.
Kina: s.523-580
Kvalificeret indføring ved Bernhard Karlgren.

Lehmann, Edv.   M446
   Kineserne og deres religioner.
   Kbh.: Universitetsudvalget. 1901.   14 s.bibl.
   (Grundrids ved folkelig universitetsundervisning, nr.47)
Leksikonagtig farveløs beskrivelse.

Lehmann, Edv.   M447
   Kristelig gudsfrygt og nutids hedentro.
   Kbh.: Pio. 1919.   29 s.
   (Ny Theologisk Forenings Smaaskrifter, nr.4)
   Kina: s.15-18

Lehmann, Edv.   M448
   Religionerne. Kortfattet religionshistorie.
   Kbh.: Pio. 1920.   104 s.bibl.
   Kina: s.25-30
Summarisk refererende.

Lehmann, Edv.   M449
   Stedet og vejen. Et religionshistorisk perspektiv.
   Kbh.: Pio. 1918.   292 s.
   Kina: s.111-126
En bedrevidende og nedladende beskrivelse af det kinesiske religiøse univers.

Lewis, A. B.   M450
   I fangenskab blandt kinesiske kommunister.
   Kbh.: Lohse. 1931.   67 s.
   (Gudelige smaaskrifter, nr.658 (iflg. omslag: nr.659))
Beretning om tre missionærers fangenskab marts-juli 1930. Giver et godt
billede af datidens forhold i Kina, og tegner indirekte et sympatisk billede af
kommunisterne.

Lewis, Ida Belle   M451
   Gæring og gry. Smaatræk fra livet i en missionsskole for piger i Kina.
   Kbh.: DMS. 1935.   64 s.
Historier om pigernes baggrund. Skarpe skildringer af børnearbejde.

Lidt   M452
   Lidt missionsstatistik.
   Kbh.: LYM. 1917.   15 s.kort
   Kina: passim

Lindblom, Yngve   M453
Kampen foran muren. En beretning om Robert Morrison.
Kbh.: Lohse. 1950.   116 s.
(Liv og Daad, nr.14)
Letskrevet beretning for børn og unge om Morrisons liv i Kina, 1807-1834.

Lizzis   M454
Lizzis drøm.
Kbh.: KMA. 1909.   29 s.
(KMA, nr.65)
Kina: s.15-29
Med beretningen:"Ingen plads. En lille kinesisk piges historie". Især om
fodsnøringens rædsler.

Lovett, Richard   M455
James Gilmour. Mongoliets apostel.
Kbh.: DMS. 1913.   80 s.
(Missions-bibliotheket, Aarg.1913, Hefte 1-2)
Beskriver Gilmours virke i Kina og Mongoliet.

Lærerindernes· Missions-Forbund   M456
Lærerindernes Missions-Forbund. 1902-1922.
Kbh.: u.forl. 1922.   25 s.ill.
Korte biografier af bl.a. Ellen Nielsen og Astrid Poulsen.

Lærerindernes Missions-Forbund   M457
Lærerindernes Missions-Forbund. 25-aarsberetning.
Kbh.: u.forl. 1928.   83 s.ill.
Kina: s.49-52 og passim
Foruden mange statistiske oplysninger også en mindre artikel af Ellen Nielsen
og Astrid Poulsen.

Løgstrup, T.   M458
Den evangeliske mission i China.
Kbh.: Bethesda. 1898.   80 s.
(Smaaskrifter udgivne af DMS, Ny række, nr.20)
Udmærket faktuel oversigt over missionshistorien, såvel generelt som i de
enkelte provinser. Desuden almindelig oversigt over Kinas geografi, historie
og religioner. Skrevet på grundlag af især tyske værker.

Løgstrup, T.   M459
   Det Danske Missionsselskab 1821-1917.
   Kbh.: DMS. 1917. 76 s.kort
   Kina: s.48-70 og passim
Beregnet som en hurtig indføring for nye missionsinteresserede.

Løgstrup, T.   M460
   **Det Danske Missionsselskabs historie, 1905-07. (Tillæg til udgaven fra
   1905).**
   Kbh.: Bethesda. 1907. 185 s.ill.
   (Smaaskrifter udgivne af DMS, Ny række, nr.41).
   Kina: s.114-158 og passim

Løgstrup, T.   M461
   Det Danske Missionsselskabs historie i 80 aar.
   Kbh.: Bethesda. 1901. 276 s.ill.kort
   (Smaaskrifter udgivne af DMS, Ny række, nr.25)
   Kina: s.199-276.
Generelle afsnit om Kina og Manchuriet. Gennemgang af de enkelte stationer,
samt mange statistiske oplysninger.

Løgstrup, T.   M462
   Det Danske Missionsselskabs historie. Ny udgave.
   Kbh.: Bethesda. 1905. 476 s.fotos,kort,indeks
   (Smaaskrifter udgivne af DMS, Ny række nr.36)
   Kina: s.295-443 og passim
På grund af indekset, samt flere tabeller, adskilligt lettere tilgængelig end
sin forgænger.

Løgstrup, T.   M463
   Det Danske Missionsselskabs historie. Ny udgave.
   Kbh.: Bethesda. 1907. 594 s.ill.kort,indeks
   Kina: s.371-551 og passim
Omredigeret og udvidet udgave.

Løgstrup, T.   M464
   Ledetraad gennem Det Danske Missionsselskabs historie.
   Kbh.: Bethesda. 1908. 32 s.
   (Smaaskrifter udgivne af DMS, Ny række, nr.45)
   Kina: s.22-30 og passim
Meget korte rids af de enkelte stationer.

Løgstrup, T.   M465
   Missions-erindringer fra London. Hæfte 1-3.
   Kbh.: Bethesda. 1900.   152 s.ill.
   (Læsning for Missionsforeninger, nr.2-4)
   Kina: passim
Især et lille afsnit om Kina Indland Missionen.

Løgstrup, T.   M466
   Nordens missionærer. 1893.
   Kbh.: Bethesda. 1893.   24 s.
   (Tillæg til "Nordisk Missionshaandbog 1889")
   Kina: passim
Let oversigt, brugbar for norske og svenske missionærer i Kina, samt danske i
andre udenlandske missioner i Kina. Originalomslaget har titlen "Nordisk
Missionærer 1893".

Løgstrup, T.   M467
   Nordiske missionærer. 1897. En lille missionshaandbog.
   Kbh.: Bethesda. 1897.   40 s.
   Kina: passim

Løgstrup, T.   M468
   **Nordiske missionærer. 1902. Samt oversigt over de under
   boxerurolighederne myrdede nordiske missionærer.**
   Kbh.: Bethesda. 1902.   47 s.
   Kina: s.42-45 og passim.

Løgstrup, T.   M469
   Vejledning til missionslæsning.
   Kbh.: Bethesda. 1898.   38 s.kort
   (Smaaskrifter udgivne af DMS, Ny række nr.21)
Nordisk bibliografi over missionslitteratur. Omfatter også almindelige
beskrivelser.

Løgstrup, T.   M470
   Vejledning til missionslæsning.
   Kbh.: DMS. 1906 58 s.
   (Smaaskrifter udgivne af DMS, Ny række, nr.39)
Udvidet udgave af nr.469.

Løgstrup, T.   M471

Vor mission. En skildring af Det Danske Missionsselskab og dets arbejde.
Kbh.: Bethesda. 1895.   107 s.fotos
2.gennemsete og forøgede udg. 1896.   172 s.ill.kort
3.gennemsete og forøgede udg. 1897.   203 s.ill.kort
(Smaaskrifter udgivne af DMS, Ny række, nr.6)
Kina: s.79-81, 107 og passim
2.udg. s.104-124 og passim
3.udg. s.114-143 og passim
Den første spæde beskrivelse. Billede af de fire første missionærer, Nyholm
undtaget. 2.udgave med omtalen af vor nordlige missionsmark, og de første
overvejelser og beskrivelser. 3.udgave som de tidligere med en bred
beskrivelse af missionsselskabets indretning, administration, regulativer etc.

Mackenzie   M472

John Kenneth Mackenzie. Lægemissionær i Kina.
(Christelige Livsbilleder Nr. 102)
(Christelig Samler, 3.Række, Aarg.8, 1892, s.289-345)
Lovprisende men også oplysende skildring af missionens vilkår.

Madsen, Harald P.   M473

**Solstrejf fra en mørk tid. Af danske missionærers oplevelser i krigsaarene.
Udg. af -.**
Kbh.: DMS. 1948.   147 s.
Kina: s.7-56
Personlige vidnesbyrd fra den japanske besættelse, samt afrejsen fra Kina
efter fredsslutningen.

Madsen, Harald P.   M474

Stenene taler.
Kbh.: DMS. 1941.   58 s.
Opbyggelige småstykker på grundlag af indskrifter fra prædikestole m.v.,
heriblandt ni fra Manchuriet.

Madsen, Harald P.   M475

Ungdom og udsyn. Red. af -.
Kbh.: DMS. 1944.   31 s.ill.
Kina: s.21-22
Fru missionær Nørgaard om "Ungdom i Midtens Rige".

Madsen, Harald P.   M476
Ungdom og udsyn. Red. af -.
Kbh.: DMS. 1947.   24 s.ill.
Kina: s.8-9
Missionær Frimer-Larsen om "Kinesisk ungdom under fremmedherredømmet".

Malmstrøm, Axel   M477
Evangeliet til alverden. Den nyere missions baggrund og historie. Bd. 2.
Kbh.: Lohse. 1949.   732 s.ill.kort,bibl.
Kina: s.7-218, 368-376
En grundig og letoverskuelig fremstilling af Kinas historie, religion, mission
og seneste politiske udvikling. Deler sol og vind lige mellem nationalister og
kommunister.

Malmstrøm, Axel   M478
**Kirkens verdensmission. De evangeliske missioners verdensstævne i
Tambaram 1938. Udgivet af -.**
Kbh.: DMS. 1939.   191 s.ill.indeks
Kina: passim
Overordnede problemstillinger, der kun medtager Kina på lige fod med de
øvrige missionsområder i Verden.

Marston, Annie W.   M479
I kongens følge. Fru Cecil Polhills liv. Ved hendes søster.
Kbh.: KMA. 1906.   171 s.
På baggrund af Polhills breve fra Kina 1884-1900 opridses missionær-
tilværelsen på godt og ondt.

Mathews, Basil   M480
Racernes kamp.
Aarhus: De Unges Forlag. 1925.   143 s.kort
Kina: passim
Fornuftigt advokerende bog for racemæssigt samarbejde, på tværs af fortidens
overgreb og misforståelser.

Mathews, Basil   M481
Tidehverv i det fjerne Østen.
Aarhus: De Unges Forlag. 1934.   141 s.kort
En inspireret bog æggende til modsigelse. Med centrum i Kina behandles
sammenstødet mellem Kina, Japan og Rusland, som det kommer til udtryk
politisk, religiøst og ideologisk.

Mathews, Basil   M482

Verdensmagternes kamp.
Aarhus: De Unges Forlag. 1931.   134 s.kort
Kina: s.72-92
Sun Yat-sen's liv og død, og den fortsatte kinesiske omvæltning.

Matthiesen, H. I. F. C.   M483

**A. Busch i Kina og Indien. I anledning af A. Busch's 25 aars jubilæum som
formand i DMS.**
Kbh.: Lohse. 1929.   285 s.ill.fotos
Kina: s.7-146
Anekdotefyldt og detaljeret beskrivelse af DMSs formand Busch's rejse til
Kina i 1920, fortalt af én af hans ledsagere. Giver et levende billede af den
danske missionsvirksomhed i Manchuriet.

Missionsforening   M484

En missionsforening.
Kbh.: u.forl. 1916.   14 s.
Kina: s.3-8, 13
Små beretninger med opfordring til at støtte underholdet af drenge og piger i
missionsområderne.

Missionskort   M485

**Missionskort over Syd-Manchuriet, med specialkort over Manchuriet med
omliggende egne, samt korte oplysninger vedrørende D.M.S.s
missionsmark.**
Kbh.: DMS. 1913.   1 s.kort

Missionær-album   M486

**Missionær-album. Billeder af Det Danske Missionsselskabs missionærer
1919.**
Kbh.: DMS. 1919.   63 s.fotos,indeks
Kina: s.29-60

Missionær-album.   M487

**Missionær-album. Billeder af Det Danske Missionsselskabs missionærer
1923.**
Kbh.: DMS. 1923.   68 s.ill.
Kina: s.27-66

Missionær-album   M488
Missionær-album. Billeder af Det Danske Missionsselskabs missionærer 1928.
Kbh.: DMS. 1928.   47 s.fotos,indeks
Kina: s.23-43

Missionær-album   M489
Missionær-album. Billeder af Det Danske Missionsselskabs missionærer i Indien og China.
Kbh.: DMS. 1935.   144 s.ill.
Kina: s.67-141

Monsen, Marie   M490
23 dage blandt sørøvere. Tale holdt ved en konference i Kina.
Kbh.: Det Salige Haab. 1940.   30 s.
Græsted: Juniorforlaget. 1978.   32 s.
Et meget personfikseret vidnesbyrd, der i ydmyghed fremhæver forfatterens mange tegn fra Gud.
Den nye udgave er forkortet og forenklet. Udgivet med titlen: "Fanget af kinesiske sørøvere".

Morthensen, Eilert   M491
Danebrog i missionens historie.
Aarhus: De Unges Forlag. 1919.   68 s.
Kina: s.11-16 og passim
Episode fra forfatterens rejse til Kina i 1909.

Morthensen, Eilert   M492
Dr. Griffith John fra Hankow.
Kbh.: Kirkelig Forening for den Indre Mission i Danmark. 1908.   56 s.
(Missions-Biblioteket, 1908, Hefte 4-5)
Bygger på Wardlaw Thompson: "Griffith John - The Story of Fifty Years in China".

Morthensen, Eilert   M493
Dr. Robert Morrison. Den første evangeliske missionær i Kina. En kort levnetsskildring.
Kbh.: Kirkelig Forening for den Indre Mission i Danmark. 1907.   32 s.bibl.

Morthensen, Eilert   M494
En veteran. Nogle blade af Chinas missionshistorie.
Kbh.: DMS. 1914.   60 s.ill.bibl.
(Missions-Biblioteket, 1914, Hefte 4)
Om Timothy Richard.

Morthensen, Eilert   M495
Træk fra mit liv og min tjeneste.
Kbh.: Eget forlag. 1947.   139 s.fotos
Kortfattede nøgterne erindringer af og om Eilert Morthensens virke i Kina og
som sekretær for DMSs Kinamission. Udgivet posthumt.

Mott, John R.   M496
Den afgørende time i den kristne mission. Forord af H. Ussing
Kbh.: DMS. 1911.   268 s.fotos,indeks
Kina: passim
Opfordring til kamp, arbejde, bøn. Sætter Kinas situation ind i tematiske
grupper på globalt plan.

Mølgaard, Valdemar B.   M497
Glimt af dansk KFUMs indsats i ydre mission.
Kbh.: KFUMs Missionskomité. 1931.   104 s.bibl.
Kina: s.13-84 og passim
Tænkt som studiebog til fremme af missionsforståelsen i KFUM. Dækker
dansk KFUM i Kina til 1926, hvor bogen egentlig er skrevet, byggende på
breve og trykt materiale. En solid og detaljerig gennemgang.

Møller, Ernst   M498
**Oldmester og hans bog. "Kristendom" før Kristus. En redegørelse og en
gengivelse ved -.**
Kbh.: Pio. 1909.   196 s.bibl.
En gennemgang af Laotse's filosofi, bl.a. ud fra Chuangtse. Desuden en
oversættelse af Tao Te King. Forfatterens sproglige nydannelser gør bogen
næsten ulæselig.

Nielsen, Erik W.   M499
Den missionerende kirke.
Kbh.: Schultz. 1950.   198 s.ill.bibl.
(Statsradiofoniens grundbøger)
Kina: s.11-33 og passim
Kort faktuel gennemgang af især missionens historie i Kina.

Nielsen, Erik W.   M500

Linier i missionens historie.
Kbh.: DMS. 1948.   191 s.ill.kort,bibl.
Kina: s.74-86 og passim
Kinas historie ridset op som baggrund for missionsarbejde.

Nielsen, Estrid   M501

Brændehuggerdalen.
Kbh.: Gyldendal. 1979.   122 s.
Overordentlig medrivende og oplysende om forholdene i Manchuriet set
gennem det nysgerrigt søgende barns øjne og formidlet i den voksnes levende
afklarede sprog.

Nielsen, Estrid   M502

Opgør. 50 år i Kina.
Kbh.: DMS. 1985.   139 s.kort
Æggende til modsigelse rundes alle vigtigere missionsemner, og i hvert
tilfælde giver forfatteren sin egen udlægning, sit eget bud på virkeligheden.
En god bog at begynde med, - og at vende tilbage til!

Nielsen, Estrid   M503

San Yu. Historien om en dansk kinesisk skole.
Frederiksberg: Anis. 1990.   119 s.kort,indeks
En næsten eksemplarisk beskrivelse i sin sammenkædning af fortid og nutid.
Om Pitsaikou-skolen grundlagt af Johannes Vyff.

Nielsen, Valentine   M504

**R. Harold A. Schofield. Den første lægemissionær i Shansi, forbeder for
"Frivilligbevægelsen" i England og forløberen for "Syvstjernen fra
Cambridge".**
Kbh.: Lohse. 1923.   72 s.ill.
Enkel, lettere glorificerende beskrivelse.

Noget   M505

Noget om den moralske tilstand i China. Fra Baseler Magazin.
Lyngby: Lyngby evangeliske Tractat-selskab. 1821.   s.219-240.
(Udvalgte stykker af de nyere tiders historie om christendommens
udbredelse iblandt hedenske og vilde folkeslægter. Nr.9)
Kina: s.224-225

Nogle   M506

Nogle missionsopgaver. Af J. S. og E. M.
Kbh.: KFUMs Missionskomité. u.å.   16 s.bibl.
(KFUMs Missionskomité, nr.2)
Kina: s.4-6
Små opgaver til brug i kredsene.

Nye   M507

**Det nye China, og nogle grundtræk af det norske og danske
missionsarbejde i China.**
Kbh.: Bethesda. 1912.   36 s.ill.kort
(Særtryk af tillæg til "China Vaagner", jvf. nr.589).
Med bidrag af Eilert Morthensen.

Nyholm, Joh.   M508

Billeder af DMSs missionærer.
Kbh.: DMS. 1933.   144 s.ill.
Fotos samt korte biografiske oplysninger.

Nyholm, Joh.   M509

Et omstridt land. Studiebog over missionen i Manchuriet.
Kbh.: DMS. 1913.   290 s.fotos,kort,indeks,bibl.
Bred gennemgang af missionens virke i Manchuriet på baggrund af landets
historie, politik og sociale forhold.

Nyholm, Joh.   M510

Fra Manchuriet. Rejseindtryk.
Kbh.: DMS. 1913.   185 s.ill.kort
Indtryk fra en rejse rundt til de danske missionsstationer i Manchuriet.
Desuden indtryk fra Peking og Mukden.

Nyholm, Joh.   M511

Kirken paa missionsmarken.
Kbh.: Lohse. 1912.   68 s.
Kina: passim
Hovedsageligt udarbejdet på baggrund af kommissionsbetænkningerne fra
Edinburgh-konferencen.

Nyholm, Joh. M512
Vore chinesiske missionsarbejdere. En række levnedsskildringer.
Kbh.: DMS. 1909. 74 s.ill.
2.udg. omarbejdet og revideret. 1912. 139 s.ill.
(Smaaskrifter udgivne af DMS, Ny række, nr. 48)
Korte biografiske og illustrerede oplysninger om 24 kinesiske medarbejdere.
Anden udgave omfatter 60 personer.

Nørgaard, P. M513
Folkelivsbilleder fra vor missionsmark i Kina.
Kbh.: DMS. 1917. 76 s.fotos
Letskrevet gennemgang af selvoplevede forhold i Kina. Fordelt på emnerne:
Landet - Typer - Karakter - Skikke.

Nørgaard, P. M514
Fra vækkelsen paa vor missionsmark i Manchuriet.
Kbh.: DMS. 1935. 20 s.fotos
Erindringer fra vækkelsen i Petune missionsdistrikt, 1929-1935.

Nørgaard, P. M515
Troldmanden og hans søn.
Kbh.: Lohse. 1916. 32 s.
(Gudelige Smaaskrifter, nr. 591)
Unaturlig barnlig i tonen, men interessant beskrivelse af to omvendelser.

O'Neill, F. W. S. M516
Et kald fra Østen. Dr. Isabel Deane Mitchell.
Aarhus: De Unges Forlag. 1920. 110 s.fotos
En samling breve og erindringer om Mitchell, der virkede i Kina fra 1905
til 1917.

Ofte M517
**Ofte i dødsfare. En gribende beretning fra provinsen Chili i Nordkina om
en engelsk missionærfamilie og en kvindemissionærs oplevelser under
boxeroprøret.**
Kbh.: u.forl. 1901. 64 s.ill.
Forfattet af C. H. S. Green. Levende førstehåndsberetning.

Olesen, O. M518
Den gamle missionær fortæller. Femogtyve aar i Siuyen.
Kbh.: DMS. 1942. 55 s.
Velskrevne og nøgterne erindringer fra Olesens virke, 1898 til ca. 1920.

Olsen, Kaj   M519
Langs det yderste hav.
Kbh.: DMS. 1959. 131 s.fotos
Kina: s.5-26 og passim
Levende skildringer fra tiden i Manchuriet i slutningen af fyrrerne.

Olsen, Kaj   M520
Naar friheden bliver hjemløs. Nogle dagbogsblade fra Manchuriet.
Kbh.: DMS. 1948. 99 s.fotos
Nøgterne optegnelser fra perioden 1942-1946, med vægt på missionens forhold
til japanerne.

Ostenfeld, H.   M521
Mackay paa Formosa.
Kbh.: Frimodt. 1888. 16 s.
(Skildringer fra Hedningemissionen, nr. 1)
Lettere lovprisende skildring.

Pallesen, Kirstine   M522
Doadja, (eller Dorkas) Ap. G. 9,36. Blade af en kinesisk kvindes
livshistorie.
Kbh.: Lohse. 1927. 28 s.fotos
En kinesisk kvindes fødsel, barndom og omvendelse.

Pallesen, Kirstine   M523
Fra livets sejlads. Gud hører bøn, 2.Samling.
Aarhus: u.forl. 1947. 40 s.
Kina: passim
Opbyggelige småstykker bl.a. med kinesisk stof.

Pallesen, Kirstine   M524
Gud hører bøn. Træk fra livet i Kina og Danmark. Fortalt for børn.
1.Samling.
Kolind: u.forl. 1929. 56 s.
Kina: passim
Små opbyggelige hændelser.

Pallesen, Kirstine   M525
Minder om Guds omsorg og bønhørelse.
Kbh.: Lohse. 1957. 45 s.
Kina: s.5-31
En række korte omvendelseshistorier fra Kina.

Pallesen, Kirstine   M526
   Mørke og lys. Kinesisk fortælling.
   Kbh.: Lohse. 1925. 119 s.
   (Hjemmets bibliothek)
En gengivelse og bearbejdning af en kinesisk omvendelseshistorie. Traditionel,
men præget af dyb kendskab til den kinesiske hverdag.

Pedersen, Barbara   M527
   Fru Barbara Pedersens erindringer.
   u.st.: u.forl. u.å. 137 s.
Et begrænset fotokopieret oplag. Skrevet på engelsk. Yderst livsnære og
velskrevne erindringer fra et langt liv i Kina. Giver et levende billede af
missionærens dagligdag.

Pedersen, Dagny   M528
   33 år i Kina. Et tilbageblik.
   Kbh.: Evangelieforlaget. 1963.   104 s.fotos,kort
Oplevelser fra 1911-1948, med borgerkrig og japansk besættelse, set fra
missionsstationen i Lin-cheng i Hopei.

Pedersen, Johs.   M529
   Illustreret religionshistorie. Under red. af -.
   Kbh.: Gad. 1948.   716 s.ill.indeks,bibl.
   Kina: s.647-681, 688-702
Et autoritativt afsnit ved Bernhard Karlgren.

Petersen, Erik   M530
   Budstikken gaar. Bd.2
   Kbh.: DMS. 1947.   106 s.ill.bibl.
   Kina: s.80-101
Skitseagtige beskrivelser af Robert Morrison og Hudson Taylor.

Petersen, Erik   M531
   De gav ikke op. Danske pionermissionærer.
   Kbh.: DMS. 1945.   112 s.ill.bibl.
   Kina: s.37-46, 64-71
Skitseagtige beskrivelser af Johannes August Vyff og Ellen Nielsen.

Petersen, Erik M532
Ydremission i børnearbejdet. En idésamling.
Kbh.: DMS. 1954. 236 s.ill.kort,indeks
Kina: passim
Aktivitetskatalog omfattende kinesisk lege, legender, et kinesisk dukkehus
m.m.

Petersen, Kaj M533
Kina nu. Folket - kirken - KFUM. Aarsbrev for 1928.
Aarhus: KFUMs Missionskomité. 1929. 47 s.fotos
En række kontante oplysninger om KFUMs arbejde i Kina.

Petersen, Kaj M534
Smaa skitser af fem kinesere.
Aarhus: KFUMs Missionskomité. 1932. 31 s.
Biografiske småartikler om David Yui, T. Z. Koo, Chang Po-ling,
Wang Hao-wen og C. T. Wang.

Pettman, Grace M535
Solskin og skygge, eller Maja Chesters kald.
Kbh.: Kirkeklokken. 1930. 59 s.
Kina: s.39-59
Banal fortælling om en engelsk piges omvendelse og kald til missionær i Kina.
Med indvævet kærlighedstråd.

Pigebørn M536
**Pigebørn og pigebørn. Fortællinger fra missionsmarken. Udgivet af Kirke
Missions Selskabet, London.**
Kbh.: Kirkelig Forening for den Indre Mission i Danmark. 1910. 156 s.ill.
Kina: s.33-53
En beskrivelse af forholdene omkring en kinesisk piges opvækst og hverdag,
ved C. I. Lambert.

Pitsaikou-skolen M537
**Pitsaikou-skolen og Kristelig Gartnerkreds. 1918 - 26.september - 1943.
Bilag: Litteraturfortegnelse om skolen i Pitsaikou. Udarbejdet af Povl
Hedemann Baagøe.**
Charlottenlund: u.forl. 1943. 24 s.ill., 4 s.ill.bibl.
Korte kommentarer til et stort billedudvalg. Meget udførlig litteraturliste.

Pott, F. L. Hawks   M538
Fra brydningstiden i China.
Kbh.: DMS. 1915.   268 s.fotos,kort,indeks
Af DMS tænkt som studiebog for viderekomne missionsvenner. Hovedvægten
er lagt på samfundsbeskrivelse og kristendommen i Kina.

Poulsen, A. Aagaard   M539
Under fremmede himmelstrøg
Kbh.: DMS. 1958.   72 s.fotos
Letskrevne og oplysende erindringskapitler fra forfatterens virke i Kina,
1912-1946.

Poulsen, Astrid   M540
**Båret på ørnevinger. Beretning om Ellen Nielsen og hendes virke i Kina
gennem 60 år.**
Kbh.: DMS. 1959.   231 s.fotos,kort,bibl.
3.oplag 1960.   235 s.fotos,kort
Ellen Nielsen var missionær i Kina fra 1898 og til sin død i 1960. Forfatteren
arbejdede sammen med hende i 30 år. Beretningen er skrevet ud fra dette
kendskab og ud fra Ellen Nielsens breve.
Tredie oplag har enkelte ændringer i teksten.

Prenter, Regin   M541
Det sande lys der oplyser hvert menneske.
Kbh.: Gad. 1946.   21 s.
Indlæg for K. L. Reichelt's missionssyn.

Prip-Møller, Antonette   M542
Nogle tanker om kinas nonner og religiøse kvinder.
Kbh.: Gad. 1946.   8 s.ill.
Et kort baggrundsrids for mission blandt buddhistnonner.

Prip-Møller, J.   M543
**Chinese Buddhist Monasteries. Their Plan and its Function as a Setting
for Buddhist Monastic Life.**
Kbh.: Gad. 1937.   396 s.ill.kort, indeks
2.ed. Hong Kong: Hong Kong University Press. 1967.
Et storværk i plan, indhold og fotografisk udstyr. Især den tætte, autentiske
beskrivelse af klosterlivet har bred interesse.

Prip-Møller, J.   M544
Fra Kinas buddhistiske klosterverden. Klostre, munkeliv, hellige bjerge og pilgrime.
Kbh.: Universitetsudvalget. 1942. 16 s.bibl.
(Grundrids ved folkelig universitetsundervisning, nr. 444)
Komprimeret, informationsfyldt, vanskeligt stof.

Prip-Møller, J.   M545
Hvor munkene paa Tao-Fong-Shan kommer fra.
Kbh.: Gad. 1943. 30 s.ill.
Instruktiv gennemgang af kinesiske buddhistiske klostres opbygning, organisation og daglige rutine.

Prip-Møller, J.   M546
Mine længslers land.
Kbh.: Gad. 1945. 80 s.fotos,kort
Flere efterladte skrifter om buddhisme og arkitektur.

Prip-Møller, J.   M547
Om buddhistisk tempelkunst i China.
(Nordisk Missions-tidsskrift. Rk.3, Bd.39, 1928, s.73-93,ill.)
Omfattende beskrivelse på få sider. Også om livet i klostrene.

Prip-Møller, J.   M548
Paa besøg i buddhistiske klostre i Kina.
Kbh.: Folkeuniversitetsudvalget. 1938. 4 s.bibl.
(Ledetråd ved folkelig universitetsundervisning. Nr.59)
Overskueligt rids af buddhismens udvikling i Kina, samt klostrenes opbygning.

Pullich, Frits   M549
Religionshistorie.
Kbh.: Branner. 1935. 183 s.
Kina: s.176-181
En pauver, kortfattet fremstilling.

Rasmussen, Johannes   M550
1933 i Manchuriets KFUM (Omslagstitel: Et aar i Manchuriet).
Aarhus: KFUMs Missionskomité. 1934. 16 s.kort

Rasmussen, Johannes   M551
Et aar i Mukden. Aarsberetning for 1915.
Aarhus: KFUMs Missionskomité. 1916.   16 s.
Væsentlige erindringer.

Rasmussen, Johannes   M552
Et pionerarbejde. KFUM.s mission gennem 40 aar. 1906-1946.
Kbh.: KFUMs Missionskomité. 1946.   183 s.fotos,kort
Personlig og velskrevet beretning om KFUM i Kina.

Rasmussen, Johannes   M553
Hvad der sker i Kina. Aarsberetning for 1925.
Aarhus: KFUMs Missionskomité. 1926.   15 s.ill.
Behandler nationale begivenheder, missionen, KFUMs og egne oplevelser.
Væsentlige erindringer.

Rasmussen, Johannes   M554
I Kina gennem et minderigt aar.
Aarhus: KFUMs Ydre Mission. 1928.   19 s.ill.
(Særtryk af "Fra KFUM i Kina og Indien", 1928)
Omhandler KFUM i Kina 1927. Væsentlige erindringer.

Rasmussen, Johannes   M555
Min mest spændende oplevelse. Mænd fra missionsmarken fortæller.
Red. af -.
Aarhus: KFUMs Missionskomité. 1942.   93 s.fotos
Kina: s.7-12, 26-36, 44-52, 66-74, 84-92
Med bidrag af S. A. Ellerbek, J. Prip-Møller, Johs. Rasmussen, Alfred Hansen
og Povl Hedemann Baagøe.

Rasmussen, Johannes   M556
Mænd, jeg mødte. Missionærer fortæller.
Aarhus: KFUMs Missionskomité. 1943.   131 s.
Kina: s.13-21, 29-36, 51-64, 74-89, 104-113, 123-129
Med bidrag af Povl Hedemann Baagøe, S. A. Ellerbek, Alfred Hansen, V.
Asschenfeldt-Hansen, H. O. Juhl, J. Prip-Møller, Johs. Rasmussen og A. J.
Sørensen.

Referat

M557

Referat af forhandlingerne mellem pastor Busch og repræsentationen af
Chinamissionærer i Feng-Hwang-Ch'eng d. 8. og 9. november 1920
tilligemed beretning om missionsudvalgets møde sammesteds d. 5.
november 1920.

u.st.: Trykt som manuskript. 1921. 68 s.

Rehling, Svend

M558

Guds kald. Hvorledes de mødte det.
Kbh.: De Unges Forlag. 1944. 163 s.fotos
Kina: s.9-17

Selvbiografisk skildring af Povl H. Baagøe.

Rehling, Svend

M559

Olfert Ricard i 70-aaret for hans fødsel. Ved venner og medarbejdere.
Red. af -.
Kbh.: De Unges Forlag. 1942. 215 s.ill.
Kina: s.106-114

Omtale af Ricards rejse til Østen i 1908.

Reichelt, Karl Ludvig

M560

Fra kristuslivets helligdom. Avhandlinger, foredrag og meditasjoner.
Kbh.: Gad. 1931. 162 s.
2.udg. 1936. 157 s.
Kina: passim

Reichelt, Karl Ludvig

M561

Fra Østens religiøse liv. Et indblik i den kinesiske
Mahayana-buddhisme.
Kbh.: Gad. 1922. 347 s.fotos,indeks,bibl.

Den grundige trykte udgave af en foredragsrække 1921.

Reichelt, Karl Ludvig

M562

Fromhetstyper og helligdommer i Øst-Asia.
Bd. 1: En religionspsykologisk undersøkelse.
Kbh.: Gad. 1947. 234 s.ill.bibl.

Beskriver fremtrædende religiøse skikkelser i det gamle Kina, samt udøvelse
af meditation i de forskellige religioner.

Reichelt, Karl Ludvig   M563

Fromhetstyper og helligdommer i Øst-Asia. Bd.2: Bak buddhistisk
klostermurer.
Kbh.: Gad. 1948. 309 s.ill.
Behandler buddhistmunken Miaochi's livshistorie samt en række andre
samtidiges.

Reichelt, Karl Ludvig   M564

Fromhetstyper og helligdommer i Øst-Asia. Bd.3: Blant munker og
pilegrimer i Øst-Asias helligdomer.
Kbh.: Gad. 1949. 343 s.ill.
Skildrer taoister, synkretister, og hvad Reichelt kalder
udflytter-buddhister, d.v.s. pilgrimme, der fra Kina er rejst til de centrale
buddhistiske lande Indien og Sydøstasien.

Reichelt, Karl Ludvig   M565

Fromhetstyper og helligdommer i Østasia. I uddrag ved Ingv. Mogensen.
Kbh.: Gad. 1950. 55 s.
Uddrag af hovedværket. Beregnet til studiekredse i LYM.

Reichelt, Karl Ludvig   M566

Kinas buddhister for Kristus. En livsskildring og et indlæg for en stor sag.
Kbh.: Gad. 1921. 43 s.ill.
En skildring af Buddhistmunken Kuantu's overgang til kristendommen.
Endvidere afsnit om buddhistmissionens organisation.

Reichelt, Karl Ludvig   M567

Skoler og tankesystemer i den kinesiske buddhisme, i deres forhold til
kristendommens lære. Tillæg til "Fra Østens religiøse liv".
Kbh.: Gad. 1938. 62 s.

Reichelt, Karl Ludvig   M568

Tre rejsebreve. Rejsen til buddhisternes hellige bjerg Chi-Tsu-San ved
Kinas grænse mod vest.
Kbh.: Gad. 1942. 36 s.ill.kort
(Paa rejse med Dr. K. L. Reichelt, 1)
(Særtryk af "Buddhistmissionen", 1939, nr. 10, 11, 12)
En levende skildring fra en rejse i 1939.

Religioner

M569

Religioner i missionslandene, og deres forhold til kristendommen. Fire foredrag holdt paa Nyborg Strand ved sommerskolen for missionsstudium, i august 1919.
Kbh.: DMS. 1919. 80 s.
Kina: s.17-37
Povl H. Baagøe om "Kristendommen og de chinesiske religioner. Ligheds- og berøringspunkter".

Rendtorff, C.

M570

Ydre mission i Danmarks domkirker. Red. af -.
Kbh.: Dansk Missionsraad. 1943. 148 s.
Kina: s.30-39 og passim
Alfred Hansen om episoder i Manchuriet efter 1935.

Rene land

M571

Det rene land (Tsing-Tou). En oversættelse av det merkelige buddhistiske skrift "De vigtigste momenter ved dyrkelsen av det rene lands lære", med vedføjede indledningsbemærkninger. Ved Karl Ludvig Reichelt.
Kbh.: Gad. 1928. 96 s.

Ricard, Olfert

M572

Med mund og pen. Taler og artikler. Bd.1: Land og livsanskuelse. Bd.2: Ungdom og kristendom.
Kbh.: Lohse. 1914-1915. 134, 148 s.
Kina: Bd.1: s.67-69, Bd.2: s.79-85
Indtryk fra rejsen til Østen i 1908.

Ricard, Olfert

M573

Udvalgte skrifter for ungdommen. Bd.3
Kbh.: Lohse. 1926. 344 s.
Kina: s.65-68
Optryk fra "Med mund og pen", Bd.1

Riisager, Filip

M574

Forventning og opfyldelse. Studier i Karl Ludvig Reichelts liv og missionsforståelse indtil 1925 - med særligt henblik på buddhistmissionens udskillelse fra Det Norske Missionsselskab.
Aarhus: Aros. 1973. 328 s.indeks,bibl.
(Teologiske studier 1)

Robson, Isabel S. M575

I Tibet. Af en lægemissionærs oplevelser. Ved Frede Brøndsted.
Kbh.: DMS. 1918. 68 s.
(Missions-Bibliotheket. Aarg.1918, Hefte 1-2)
Kort og informativ beretning om Annie Taylor og familien Rijnhart.
Vanskelighederne er rene paralleller til de mere kendte beskrivelser af Tibets
uimodtagelighed.

Rosenberg, Holger M576

Aandetro og aandefrygt i Østen
(Frem, 1925, B, Bd.1, Del 2, s.717-724,fotos)
En fornøjelig og omfattende fremlægning af kinesisk overtro.

Ross, John M577

**Gamle Wang. Den første kinesiske evangelist i Manschuriet. En skildring
af hans liv og hans virksomhed.**
Kbh.: Bethesda. 1901. 60 s.
En udmærket sammensmeltning af skildringen af et kristent vidnesbyrd og af
beskrivelser fra den kinesiske dagligdag.

Rostø, E. M578

**Blandt Kinas millioner. Træk fra Det danske Missionsforbunds
kinamission.**
Charlottenlund: Missionsforbundet. 1947. 92 s.fotos,kort
I snævert samarbejde med China Inland Mission beskrives missionen i
Kweichow, 1927-47, midt i borgerkrigen.

Ræder, Karen M579

Skiftende tider. Træk af KFUKs historie gennem 50 aar.
Aarhus: De Unges Forlag. 1933. 172 s.fotos
Kina: s.93-105
Hovedsagelig om Ellen Nielsens og Kathrine Nielsens udsendelse i 1898.

Schepelern, Fr. M580

Den ældste kristne mission i Kina.
Kbh.: Gad. 1916. 98 s.
Gennemgang af den nestorianske missionshistorie i Kina fra år 635 til ca.1500.
Med kildehenvisninger.

Schepelern, Fr. M581

Nutidens hedningemission.
Kbh.: Gad. 1913. 67 s.
(Kristendom og Nutidsforskning, nr.7)
Kina: passim
Med skarpe standpunkter hvor politik og mission brydes.

Schmidt, Aage M582

Slægtens ældste religion. Bd.1: Kineserne.
Kbh.: Gad. 1912. 53 s.
Gennemgang af kinesisk religionshistorie på baggrund af især engelske
oversættelser af kinesiske kilder.

Schmidt, Hansine og Chr. Madsen M583

**Harbin. Den store, nye by i det fjerne Østen og missionsarbejdets
begyndelse dér.**
Kbh.: DMS. 1939. 16 s.fotos,kort
(De blaa smaabøger)

Schmidt, N. Chr. M584

**Danske lægemissionærer, samt En indledning om lægemission i
almindelighed.**
Kbh.: Lohse. 1923. 64 s.ill.indeks
Kina: s.28-37 og passim
Biografier over de seks første danske lægemissionærer i Kina.

Schmidt, N. Chr. M585

Lægers arbejde i kristendommens tjeneste.
Kbh.: Kristelig Lægeforening. 1915. 19 s.
Kina: passim
Indeholder en del biografiske oplysninger om danske lægemissionærer.

Scholl, Warren M586

De større religionssamfund og deres historie. Efter -. ved F. S. Magnus.
Kbh.: Lillebog-Forlaget. u.å. 63 s.
(Folkeligt Kultur-bibliotek, Lillebog nr. 4)
Kina: s.5-9, 32-34 og passim
En overfladisk gennemgang af konfucianisme og taoisme.

Sjette   M587
Den sjette patriark.
Kbh.: Gad. 1947.   135 s.ill.
Norsksproget, annoteret og kommenteret oversættelse af ét af
chanbuddhismens vigtige værker, om Huineng.

Smaatræk   M588
Smaatræk fra dansk hedninge-mission. Fortalte for børn af Onkel Jørgen.
Efter breve fra Det danske Missionsselskabs missionærer i Indien og Kina.
Kbh.: DMS. 1912.   56 s.ill
Kina: s.28-56
Bidrag af Ellerbek, Ellen Nielsen, Vyff, Karen Gormsen, Waidtløw, Olesen
og Emil Jensen.

Smith, Arthur H.   M589
China vaagner!
Kbh.: Bethesda. 1908.   167 s.ill.kort
2.opl. 1909. 167 s.ill.kort
3.gennemsete udg. 1912.   206 s.ill.kort,bibl.
4.udg. (ført op til nutiden). 1916.   184 s.fotos,kort,bibl.
Forfatteren var missionær i Kina i 40 år, og en anerkendt sinolog i sin tid.
Værket var i datiden én af de mest benyttede grundbøger til studiekredse.

Sowton, Stanley   M590
Chinesiske tøjdukker. En kortfattet vejledning bestemt til at følge med
otte dukker, som skal hjælpe til at give et billede af chinesernes liv og
missionsarbejdet blandt dem.
Kbh.: DMS. 1911.   32 s.ill.
Kortfattede men indfølte beskrivelser.

Strejflys   M591
Strejflys over hedningefolk.
Kbh.: DMS. 1911.   56 s.bibl.
Kina: s.26-33 og passim
Beregnet til missionsstudiekredse for ganske unge.

Svanenskjold, Johanne og Ulla Fugl   M592
KMAs arbejde gennem femogtyve aar, 1900-1925.
Kbh.: KMA. 1925.   62 s.ill.
Kina: s.53-60
Emmy Fugl, udsendt til Szechuan i 1918, beretter om kvinden Chao-gen-dæ.

Sygeplejerskernes Missionsforbund M593

Sygeplejerskernes Missionsforbund. SMF.
u.st.: i.i.b. 1931.   30 s.ill.
Kina: s.9-15
Portrætter af udsendte.

Sygeplejerskernes Missionsforbund M594

Sygeplejerskernes Missionsforbund. SMF.
u.st.: i.i.b. 1939.   35 s.ill.
u.st.: u.forl. 1950.   43 s.ill.
Kina: s.25-34
1950: s.35-40
Portrætter og få biografiske oplysninger.

Sædemand M595

En sædemand. En biografi om George Hunter, Turkestans apostel.
Kbh.: Mod Målet. u.å.   48 s.ill.
Udarbejdet på grundlag af Mildred Cable og Francesca French's bog om
Hunter, død 1946.

Søderblom, Nathan M596

Almindelig religionshistorie. Med billeder, religionskort og statistik.
Kbh.: N. P. Madsen. 1918.   227 s.ill.kort
Kina: s.146-159 og passim
En enkel opridsning. Beregnet for den almindelige læser.

Søderblom, Nathan M597

Gudstroens oprindelse. Studier af -.
Kbh.: N. P. Madsen. 1921.   436 s.indeks
Kina: s.232-279, 314-353 og passim
En vanskeligt tilgængelig filologisk og fænomenologisk undersøgelse med
udgangspunkt i de klassiske tekster. Desuden en grundig gennemgang af
jesuitternes værker og holdninger vedrørende Kina.

Søderblom, Nathan M598

Kristendommen og religionerne. En oversigt.
Kbh.: Gad. 1905.   50 s.
Kina: s.12-15, 23-26
En frimodig og åben sammenligning af religionen i Kina, Indien og Vesten.

Sørensen, A. J.   M599
Jalumissionen. Det manchurisk-lutherske Missionsselskabs arbejde ved
Jaluflodens øvre løb. D.M.S.s barnebarn.
Kbh.: DMS. 1942.   23 s.ill.kort
(De brune smaabøger, nr.2)

Sørensen, Arne   M600
Mellem Vest og Øst. Økumeniske overvejelser på social baggrund.
Kbh.: De Unges Forlag. 1950.   230 s.
Kina: s.139-144
En fordomsfri og sympatiserende holdning til den kinesiske udvikling hen mod
1949.

Sørensen, Vilh.   M601
China og missionærerne. I anledning af angrebene paa den evangeliske
mission.
Kbh.: Bethesda. 1900.   56 s.
Skrevet på baggrund af Bokseropstanden. Forsøger at tilbagevise
beskyldningerne mod missionen for at være årsag til det kinesiske
fremmedhad, ved kritisk at gennemgå relationerne mellem den kinesiske og
den vestlige kultur..Endvidere behandles forskellene mellem den katolske og
den evangeliske mission.

Sørensen, Vilh.   M602
Missionens motiv, maal og midler. Grundtræk af missionslæren.
Kbh.: Gad. 1911.   215 s.
Kina: passim

Sørensen, Vilh.   M603
Vor tids missionsforventninger og missionsresultater.
Kbh.: Schønberg. 1895.   111 s.
(Smaaskrifter til oplysning for kristne, nr.10,1)
Kina: s.56-59 og passim

Taylor, Howard, Fru   M604
Fundet tro. Mrs. Hudson Taylors liv.
Kbh.: Kirkeklokken. 1917.   32 s.fotos
Dybtfølt smertefuld beskrivelse i hengivenhed.

Taylor, Howard, Fru   M605
Pastor Hsi, en af Nord-Kinas kristne. En levnedsskildring.
Kbh.: Kirkelig Forening for den Indre Mission i Danmark. 1904.   356 s.fotos
Velskrevet biografi af en kristen kineser, død 1896, der arbejdede som
missionær, specielt blandt opiumsofre.

Taylor, Howard, Fru   M606
Pastor Hsi. En levnetskildring.
Kbh.: Kirkeklokken. 1916.   107 s.
Stærkt forkortet oversættelse efter originalen.

Taylor, Howard, Fru   M607
Perles hemmelighed.
Kbh.: Mod Målet. 1948.   64 s.fotos
En bevægende skildring af "Perle", hendes liv i Kina som datter af
missionærparret Guinness, og hendes død otte år gammel.

Taylor, Howard og Geraldine Taylor   M608
Hudson Taylor. Barndom og ungdom.
Kbh.: Lohse. 1918.   474 s.
Første del af Hudson Taylor's biografi, skrevet af hans søn og dennes hustru.
Omhandler årene 1832-ca.1860. Baseret på Hudson Taylor's breve og
dagbogsoptegnelser, men skrevet i flydende fiktionsform, som bærer præget af
forfatternes dybe kendskab til ham.

Taylor, Howard og Geraldine Taylor   M609
Hudson Taylor og Kina Indlands Missionen.
Kbh.: Lohse. 1921.   646 s.
Anden del af Hudson Taylors biografi. Omhandler årene 1860-1905.

Taylor, J. Hudson   M610
Et tilbageblik.
Kbh.: Kirkeklokken. 1904.   195 s.foto
Uændret udg.1908 og 1917.
Ny udg.1943. 128 s.ill.
Samme udg. 1949 men med ændret portræt.
(Kirkeklokkens Bibliotek, nr.10)
Selvbiografi med speciel vægt på perioden i Kina. En klassiker.

Taylor, J. Hudson   M611
Kildevæld, hvis vande ikke slår fejl.
Kbh.: KMA. 1911. 20 s.
(KMA, nr.78)
Et smukt, enfoldigt opbyggelsesskrift med eksempler fra Kina.

Thelle, Notto Normann   M612
En buddhistmunks vei til Kristus, og andre livsbilleder og vidnesbyrd
fra Østen.
Kbh.: Gad. 1940. 100 s.fotos,kort
En gennemgang af otte buddhisters omvendelse til kristendommen. Baseret på
deres egne fortællinger. På norsk.

Thelle, Notto Normann   M613
Kristendommen i China. Under T'ang, Yuan, Ming og Ch'ing. Studier i
Chinas misjonshistories tre første perioder.
Kbh.: Gad. 1949. 183 s.ill.kort,bibl.
Detaljeret og annoteret gennemgang af kristendommens historie i Kina til og
med jesuitterne. Nestorianerstenens fuldstændige tekst.

Thomassen, Alma og Nanny Ørsted-Hansen   M614
Blandt brune - gule - sorte.
Kbh.: KFUK-spejderne i Danmark. 1940. 71 s.ill.kort,bibl.
(Mit lille bibliotek, nr.1)
Kina: s.28-35
Anekdotisk fortælling om DMS i Manchuriet, beregnet til brug blandt
spejdere.

Thomsen, Ingrid   M615
Kina - glemmer jeg dig ...
Aarhus: Eget forlag. 1977. 117 s.ill.
Personlige erindringer om livet i Kina, fortalt i korte afsluttede kapitler.

Toft, C. L.   M616
ABC i DMS. Kort vejledning over vore missionsmarker i China og Indien.
Kbh.: DMS. 1912. 32 s.ill.kort
Kina: s.17-32
Korte geografiske og statistiske oplysninger. Missionærliste.

Toft, C. L.   M617

ABC i DMS. Kort vejledning over vore missionsmarker i Indien og China
1915.
Kbh.: Trykt som manuskript. 1915.   16 s.ill.kort,bibl.
Kina: s.9-16
Korte geografiske og statistiske oplysninger. Missionærliste.

Toft, C. L.   M618

Billeder fra Kina for børn.
Kbh.: DMS. 1919.   26 s.ill.
Rigt illustreret beskrivelse af Kina og missionærerne i form af billedtekster.

Toft, C. L.   M619

Marken derude. En hjælp til 14 kredsmøder. Kort gennemgang af Det
danske Missionsselskabs marker i Indien og Kina.
Kbh.: DMS. 1921.   64 s.fotos,kort,bibl.
Kina: s.35-59 og passim
Kortfattede geografiske og statistiske oplysninger.

Toft, C. L.   M620

Paradishaven og andre fortællinger. Til brug i arbejdet blandt børn.
Kbh.: Dansk Traktatselskab. 1927.   62 s.
Kina: s.19-20, 39-45
Tre små opbyggelige fortællinger, bl.a. om en kristen kineserdrengs martyrium
under Bokseropstanden.

Tolv   M621

Tolv missionsprædikener.
Kbh.: DMS. 1912.   111 s.
Kina: s.20-47 og passim
Indeholder prædikener af Nyholm, Ellerbek og Christensen.

Tuxen, Poul   M622

Verdensreligionernes hovedværker i oversættelse.
Bd.10. Laotse: Tao Te King.
Kbh.: Aage Marcus. 1924.   93 s.
En oversigtlig beskrivelse indleder selve oversættelsen.

Tybjerg, Chr. og Jef Tange   M623
Kirke- og missionshistoriske skikkelser. Skildret for børn og unge. Bd.3:
Skikkelser fra missionens historie.
Kbh.: Lohse. 1941.   116 s.fotos,bibl.
2.opl. 1948.   3.opl.1955.
4.opl. 1961-62.   134 s.
Ny rev.udg.1966-68.   168 s.
Kina 1941, 1948, 1955: s.34-38, 82-91

To kapitler om Robert Morrison og Hudson Taylor.
1948-udg. med undertitlen "Missionshistoriske skikkelser".

Udkast   M624
Udkast til forretningsbog for Det danske Missionsselskab.
Kbh.: Trykt som manuskript. 1912.   58 s.
Kina: s.43-58 og passim
Indeholder bl.a. vedtægter for konferencen i Kina, samt lønninger for såvel
missionærer som kinesiske medarbejdere.

Unge   M625
Det unge Kina.
Aarhus: De Unges Forlag. 1923.   60 s.fotos
En række artikler om KFUMs virke, samt om forholdene i den tidlige
republik.

Ussing, Henry   M626
En lille missionshistorie for børn.
Kbh.: Bethesda. 1908.   96 s.ill.
(Tillæg til "Indre Missions Børneblad", 1908)
Kina: s.57-60, 83-89
Personcentreret beskrivelse af Morrison og Hudson Taylor.

Ussing, Henry   M627
En lille missionshistorie for børn.
Kbh.: DMS. 1913.   114 s.fotos
2.udg. 1918.   115 s.ill.
3.udg. 1931.   124 s.ill.
Kina: s.60-63, 97-103, 108-109
2.udg. s.60-63, 96-102, 108-109
3.udg. s.66-69, 106-116
Forlagsudgivelsen af 1908-udgaven.
Anden og tredie udgave med titlen "En lille missionshistorie".

Ussing, Henry   M628

**Evangeliets sejrsgang ud over Jorden. En historisk oversigt over den
evangeliske missions udvikling. Illustreret missionshistorie.**
Kbh.: Gad. 1902.   532 s.fotos,kort,indeks,bibl.
2.udg. 1908. 594 s.fotos,kort,indeks
3.udg. 1924. 662 s.fotos,kort,indeks
Kina: passim

Et halvt hundrede personcentrerede sider, især om R. Morrison, Gützlaff,
Taipingoprøret og Hudson Taylor.
Tredie udgave har en udbygget beskrivelse af den politiske udvikling og
dannelsen af en selvstændig kinesisk kirke.

Vahl, J.   M629

Beschreibung der Weltkarte der Mission.
u.st.: u.forl. 1871.   15 s.

Vahl, J.   M630

Beskrivelse til missionskaartet (Weltcharte der Mission).
Kbh.: u.forl. 1857.   16 s.
3.opl. 1862.   16 s.

Vahl, J.   M631

Beskrivelse til missionskortet.
Kbh.: u.forl. 1865.   16 s.
2.opl. 1867 16 s., 3.udg. 1870 19 s., 4.udg. 1873 19 s., 5.udg. 1879 19 s., 6.udg.
1880 31 s.

Vahl, J.   M632

**Bøger angaaende hedningemissionen og derhen hørende æmner,
tilhørende -.**
Kbh.: u.forl. 1884.   108 s.
Tillæg til fortegnelsen. 1886.   24 s.
2det tillæg. 1888. 20 s. , 3die tillæg. 189o. 38 s.,
4de tillæg. 1893. 52 s., 5te tillæg. 1895. 48 s.

J.Vahls store bogsamling udgør Statsbibliotekets grundstamme af
missionsbøger, der igen er basis for en skandinavisk forpligtelse til
tilbundsdækkende indkøb om emnet mission.

Vahl, J.   M633

Forklaring til 1.ste hefte af missionsatlas (Asien).
Kbh.: DMS. 1883.   237 s.indeks
Kina: s.176-205
Kort gennemgang af Kinas missionshistorie, efterfulgt af en grundig
leksikalsk beskrivelse af missionen i de enkelte provinser.
Rettelser og tilføjelser findes s.105-116 i "Forklaring til 4.de hefte af
Missionsatlas (Australien)".

Vahl, J.   M634

Lille missionsatlas.
Kbh.: DMS. 1893.   11 s.kort
Kort med alle missionsselskabers virkefelter angivet.

Vahl, J.   M635

Lærebog i den evangeliske missionshistorie.
Kbh.: DMS. 1897.   152 s.
Kina: s.65-73
En upersonlig overfladisk beskrivelse.

Vahl, J.   M636

Missions-atlas med tilhørende forklaringer.
Kbh.: DMS. 1883-1886.   20 bl.kort

Vahl, J.   M637

Missions-Verdenskort.
u.st.: u.forl. u.å.   1 bl.kort
2.udg. u.st.: u.forl. u.å.   1.bl.kort

Vale, Joshua   M638

Evangelisten Ho. Et af Kinas lys.
Kbh.: KMA. 1906.   15 s.
(KMA, nr.46)
En prunkløs beretning om en omvendt kinesers liv.

Vejledning   M639

Vejledning for ungdommen til missionsstudium. 3: Kina, 4: Indien.
Kbh.: KMA. 1908.   14 s.
(KMA, nr.61)
Kina: s.1-8
Kort faktuel uengageret fremlægning.

Vor   M640

Vor opgave i Kina.
Kbh.: KFUMs Missionskomité. 1918.   30 s.ill.
Seks små artikler af bl.a. P. Nørgaard, P. H. Baagøe, og om Johannes
Rasmussen.

Vor   M641

Vor opgave i Kina.
Kbh.: KFUMs Missionskomité. 1919.   24 s.ill.kort,bibl.
Tre artikler af Eilert Morthensen, Poul Baagøe og Hans Magle.

Vore   M642

Vore missionærer der udsendtes i 1918.
Kbh.: DMS. 1919.   20 s.ill.
Kina: s.13-19

Waidtløw, C.   M643

Fra hedenskabets verden.
Kbh.: DMS. 1941.   46 s.
Komprimeret gennemgang af Kinas oldtidsreligioner og deres gudedynastier.
Forfatteren søger lighedspunkter med specielt bibelens beretning om Noah og
hans slægt.

Waidtløw, C.   M644

Fra min pionertid i Manchuriet.
Kbh.: DMS. 1944.   54 s.
Omhandler opholdet i Manchuriet 1895-1906, forholdet til russerne, samt
personlige religiøse kriser og oplevelser.

Waidtløw, C.   M645

Hvad tre kinesere fortalte.
Kbh.: Bethesda. 1904.   40 s.fotos,kort
(Smaaskrifter udgivne af DMS, Ny række, nr.33)
Tre beretninger om dagliglivets usikkerhed i Kina.

Waidtløw, C.   M646

Kinas oldtids religion.
Kbh.: DMS. 1939.   64 s.
Komprimeret gennemgang af de ældste kinesiske guder. Forfatteren søger
ligheder mellem oldnordisk og oldkinesisk gudelære.

Waidtløw, C., J. Emil Jensen og Alfred Hansen   M647
Yen Hsing Chi. Den første lutherske præst i Manchuriet. Et mindeskrift.
Kbh.: DMS. 1938. 46 s.fotos
Tre missionærers møde og samarbejde med pastor C. H. Yen (1872-1936),
skildret i varme toner.

Wanless, W. J.   M648
Lægemissionens ABC.
Kbh.: Bethesda. 1902. 44 s.
(Smaaskrifter udgivne af DMS, Ny række, nr.27)
Kina: passim

Welt-karte   M649
Welt-karte der Mission.
u.st.: u.forl. u.å. 1 bl.kort
Ny udg. u.st.: u.forl. u.å. 1 bl.kort
Tysk udgave af J. Vahls "Missions-Verdenskort".

Wemmelund, Kirstine   M650
Dagværket.
Kbh.: DMS. 1949. 85 s.fotos
Detaljerede beretninger om hverdagen i Kina og om kinesisk kultur.

Wemmelund, Kirstine   M651
Kinaminder.
Kbh.: DMS. 1953. 80 s.fotos
Minder fra opholdet i Kina, specielt koncentreret om forholdet til kineserne
og til den kinesiske kultur.

Wemmelund, Kirstine   M652
Markerne modnes.
Kbh.: DMS. 1929. 64 s.fotos
Især omvendelsesberetninger fra Manchuriet.

Wemmelund, Kirstine   M653
Nu gælder det.
Kbh.: DMS. 1936. 24 s.ill.
Gennem eksempler fra Manchuriet argumenteres for missionens betydning.

Williamson, J. R.   M654
   En Verden i nød. En tilskyndelse til lægemission.
   Kbh.: Bethesda. 1905. 82 s.
   (Smaaskrifter udgivne af DMS, Ny række, nr.35)
   Kina: passim

Winkel, R. W.   M655
   Banede veje. Minder fra et langt liv.
   Kbh.: Lohse. 1930. 330 s.fotos
   Kina: s.224-274 og passim
Forfatteren opholdt sig i Kina maj 1925 til januar 1926. Ud over rejsen
beskrives specielt besøgene hos de danske missionærer og menighederne
i Manchuriet.

Winkel, R. W.   M656
   Det danske Missionsselskabs China-mission gennem det første slægtled.
   Kbh.: DMS. 1928. 358 s.fotos,kort,indeks
Detaljeret og indforstået beretning om de første ca. 30 år. Afsnit om historie,
forskellige missionstemaer, samt en gennemgang af de enkelte
missionsstationer.

Winkel, R. W.   M657
   **Gud gav vækst. Hvordan Østerbros søndagsskoler kom med i
   Chinamissionen.**
   Kbh.: Lohse. 1933. 32 s.ill.
Især om Christian Waidtløws tilknytning til de københavnske søndagsskoler.

Winkel, R. W.   M658
   Peter Krag. Minder. Samlede af -.
   Kbh.: Lohse. 1924. 152 s.ill.
   Kina: s.122-126
Om baggrunden og betydningen af Waidtløws udsendelse.

Winkel, R. W.   M659
   Væksten i D.M.S.s arbejde, og vort ansvar derfor. Et foredrag.
   Kbh.: DMS. 1912. 15 s.ill.
   (Særtryk af "Dansk Missions-Blad")
Statistisk vægtig gennemgang af personer samt økonomi.

Winther, Chr. og Johan Funck M660
Dansk kirke i udlandet, 1919-1944.
Kbh.: Dansk Kirke i Udlandet. 1944.   127 s.ill.
Kina: s.108-109
Om kirken og den danske koloni i Shanghai ved pastor Eilert Morthensen.

Witness, Johannes M661
Hjemrejsen.
Kbh.: Lohse. 1953.   164 s.
Forfatternavnet er et pseudonym for Kaj Olsen. Skildrer i fiktionsform mødet
mellem de kommunistiske styrker og de kristne menigheder i Manchuriet i
1948. Velskrevet og med selvoplevelsens præg.

Yen, H. C. M662
Første skridt paa vejen til himlen. Katekismus med spørgsmaal og svar.
Kbh.: KFUMs Missionskomité og DMS. 1943.   32 s.
På kinesisk bortset fra titelblad og indholdsfortegnelse.

Zwemer, Samuel M. M663
Afrikas og Asiens ubesatte missionsmarker.
Kbh.: Lohse. 1912.   241 s.fotos,kort
Kina: passim

Østrup, J. M664
Islam i Kina.
(Dansk Tidsskrift. 1901. s.51-60)
Historisk og aktuel gennemgang, med fremhævelse af Islams potentielle
styrke, også i en eventuel alliance med Vesten.

Bang, Gustav R665
Marco Polo. En veneziansk rejsende fra det 13de aarhundrede.
Kbh.: Gad. 1895.   161 s.ill.kort
(Udvalget for Folkeoplysningens Fremme, nr.207)
Udgivet i anledning af 600-året for Marco Polos hjemkomst til Venedig. Den
ene halvdel af bogen er en grundig evaluering af Marco Polo som geograf og
beretter, set i relation til hans samtid. Den anden halvdel er en nyere
bearbejdning af selve rejseberetningen, foretaget på grundlag af en fransk tekst
fra 1824, oversat til engelsk i 1871 af Yule.

Bardenfleth, A. R666
Ved juletid i Østen. Smaa erindringer fra en rejse.
(Under dannebrog. Marinens julehefte, Årg.4, 1916, s.31-33,fotos)
En kort udflugt i kineserbyen i Shanghai og køb af en lille buddha i elfenben.

Barrow R667
Træk til det chinesiske folks og dets regjerings charakteristik.
(Brudstykker af Barrows rejse i China).
(Archiv for historie og geographie, Bd.44, 1831, s.134-144)

Bergman, Sten R668
Store opdagelsesrejser.
Kbh.: Carit Andersen. 1945.   303 s.ill.bibl.
Kina: s.7-20, 177-191
Oversigtlige skildringer af Marco Polo's og Prschevalskij's rejser.

Bille, St. R669
Min reise til China 1864.
Kbh.: Reitzel. 1865.   266 s.kort
I 1864 rejste Bille til Kina for at overbringe den ratificerede venskabs- og
handelstraktat. Bogens grundstemning er tydeligt trykket af Danmarks
nederlag i 1864, men den indeholder et interessant og varieret billede af Kina
på det tidspunkt og også af den omstændelige diplomatiske procedure.

Bille, Steen R670
Beretning om corvetten Galathea's reise omkring Jorden 1845, 46 og 47. 3
Bd.
Kbh.: Reitzel. 1849-51.   496, 468, 513, 71 s.ill.kort
2. fork.udg. 1853. 2 Bd.   368, 458 s.ill.kort
Kina: Bd.2 s.198-385
2. fork.udg. Bd.1 s.365-367, Bd.2 s.1-129
Bille's opgave i Kina var at vise flaget, etablere konsulater og udnævne
konsuler. Hans værk er levende, meget velskrevet og fuld af interessante
detaljer og observationer, iblandet sammenligninger mellem europæisk og
kinesisk udviklingshistorie og forskellige politiske systemer og religioner.
Nok ét af de mest interessante tidsbundne værker i den danske kinalitteratur.

Bille, Steen R671
Beretning om corvetten Galathea's reise omkring Jorden 1845, 46 og 47.
Ved Kaj Birket-Smith. 2 Bd.
Kbh.: Reitzel. 1930.   186,186 s.ill.kort
Kina: Bd.1 s.185-186, Bd.2 s.7-63
Yderligere forkortet udgave af 1853-udgaven.

Bille, Steen R672

Bericht über die Reise der Corvette Galathea um die Welt in den Jahren 1845, 46 und 47. 2 Bd.
Kbh.: Reitzel. 1852.   464,518 s.ill.kort
Kina: Bd.1 s.461-464, Bd.2 s.1-141
Forkortet tysk udgave. Udgivet før den tilsvarende danske forkortede.

Bly, Nellie R673

Min rejse omkring Jorden i 72 dage.
Kbh.: Andr. Schou. 1890.   114 s.
Kina: s.75-79
En ganske overfladisk skildring af Hong Kong og Canton.

Bodley, R. V. C. R674

Fra Sahara til Nippon.
Kbh.: Grafisk. 1949.   287 s.ill.
Kina: s.84-238
Rejse til Hong Kong, Shanghai og Tientsin. Men især Peking og omegn er beskrevet grundigt. Besøgte Owen Lattimore. Senere rejse i Manchuriet efter japanernes indtog i 1931. En indsigtsfyldt og interessant bog, med mange spørgsmål vedrørende kolonimagternes tilstedeværelse i Kina, samt beskrivelse af de hvides levevis.

Boje, Jens R675

Journal paa den anden reyse til China med skibet Dronningen af Danmark, indeholdende de merkværdigste ting, som fra reysens begyndelse Anno 1742, og til dens ende 1744, ere arriverede, samt lidet om nogle landes væsen og beskaffenhed.
Kbh.: Glasing. 1745.   136 s.
Overvejende en andenhånds beskrivelse af Kina, men isprængt egne observationer og som sådan betydningsfuld som én af de første udgivelser med udspring i eget besøg i Kina.

Bollerup Sørensen, A. R676

Ad Asiens ukendte veje. En beretning om en rejse fra Shanghai til egnene nord for Lhasa og tilbage igen. 2 Bd.
Kbh.: Gyldendal. 1951.   512 s.fotos,kort,indeks
Forfatteren var ansat i Store Nordiske Telegrafselskab og gennemførte en række rejser i det indre Kina og Tibet. Denne overordentlig interessante og velskrevne bog, der er udgivet posthumt, beskriver hans forsøg på at nå frem til Lhasa. Som genre ligger bogen tæt op ad Hedin, når denne er bedst.

Bomholt, Jul.   R677
Togter.
Kbh.: Fremad. 1935. 323 s.
Kina: s.127-172
Koloristiske oplevelser fra Mukden, Shanghai og Hong Kong, fra 1923.

Borgstrøm, Kai   R678
Tre aar paa Zobelsletten.
Kbh.: Gyldendal. 1933. 108 s.ill.
Forfatteren deltog i Carl Krebs's ekspedition til Bulguntal i Nordmongoliet i
1923-26. Ekspeditionens mål var at skabe et dansk landbrug kombineret med
handelsvirksomhed. Skrevet for et ungt publikum. Underholdende og letlæst.
Megen autentisk lokalkolorit.

Botved, A. P.   R679
København-Tokio-København gennem luften.
(Frem, 1927, C, Bd.2, Del 1-2, s.33-41, 97-105, 161-171, 289-298,fotos,kort)
Kina: s.105, 161-171

Botved, A. P.   R680
København-Tokio-København gennem luften.
Kbh.: Gyldendal. 1926. 160 s.ill.
Kina: s.50-120
Nødlandinger og modtagelser, samt lidt om kampen mellem krigsherrerne.
Fra Canton til Mukden.

Carstensen, Wm.   R681
Paa togt med russere. Erindringer.
Kbh.: Borchhorst. 1884. 277 s.
Kina: s.175-214
Ophold i Hong Kong og ved Whampoo giver anledning til fornøjelige
betragtninger over kineserne.

Cavling, Henrik   R682
**Østen. Skildringer fra en rejse til Ceylon, Burma, Singapore, Bangkok,
Kina og Japan. 2 Bd.**
Kbh.: Gyldendal. 1901-02. 283,377 s.ill.fotos,kort,bibl.
Kina: Bd.1 s.262-283, Bd.2 s.1-288
Skildringen af Kina er uhyre levende, farverig og spændende, men naturligvis
ikke korrekt i alle detaljer. Giver et udmærket billede af den danske koloni
i Kina.

Cavling, Viggo   R683
Jeg gik mig over sø og land. Oplevelser og ønskedrømme.
Kbh.: Hassing. 1942.   288 s.ill.fotos
Kina: s.87-137
Foregår i 1907. Generelle betragtninger om Shanghai, men især om et tyveri
fra et taoist-kloster i Soochow, hvor forfatteren spillede en central rolle.

Charton, Edouard   R684
Reiser i ældre og nyere tid. En udvalgt samling af de interessanteste og
lærerigste reisebeskrivelser, fra det 5te aarhundrede før Christus indtil
det 19de aarhundrede, med levnetsbeskrivelserog oplysende
anmærkninger. 4 Bd.
Kbh.: Eide. 1856-1858.   516, 667, 614, 612 s.ill.kort
Kina: Bd.1 s.464-514, Bd.2 s.130-197, 328-657, Bd.3 s.470-472
Tekster af Fa-Hien, der rejste fra Kina 399-414, af araberne Soleiman og Abu
Seid Hassan, der beskrev Kina 851 og 878, dertil beskrivelsen af Marco Polo,
samt en kort omtale hos Magalhaen.

Dagbogsblade   R685
Dagbogsblade fra Kronprinsens rejse til Østen.
Kbh.: Hagerup. 1931.   165 s.fotos
Kina: s.84-108, 139-144
Sørejse 1930 med besøg i Hong Kong, Nanking, Weihaiwei og Tsingtao. Møde
med Chiang Kai-shek. Mange fotos af lokale notabiliteter.

David-Neel, Alexandra   R686
Over alle bjerge til Lhassa.
Kbh.: Westermann. 1945.   181 s.fotos
(Eventyrets grønne baand)
Den absolutte klassiker om opdagelsesrejser i Tibet. Ene kvinde, forklædt, til
fods ind til Lhasa.

Degerbøl, Magnus   R687
Den amerikanske ekspedition til Mongoliet.
(Naturens Verden, Årg.9, 1925, s.264-278,ill.fotos,kort)
Om den zoologisk-geologiske ekspedition startet 1921.

Ewes, J. D'   R688
Vidt og bredt. En sportsmands eventyr paa begge sider af Jorden.
Kbh.: S. J. Loria. 1859.   344 s.
Kina: s.326-344
Jagt- og fiskeriskildringer ved Shanghai og Soochow.

Freuchen, Peter   R689
Jorden rundt paa æventyr med The Adventurers' Club. Bd.1
Kbh.: Union. 1940.   96 s.ill.kort
Kina: s. 34-62
Holger Rosenbergs beretning om sin vandretur fra Bhamo til Yangtsekiang.
Vandringsmanden mere end det sete er i centrum.

Hallar, Søren   R690
Øst for Suez. Rejseskildringer.
Kbh.: Haase. 1923.   148 s.fotos,kort
Kina: s.49-120
Uprætentiøs skildring af en rejse til Nanking, Shanghai og Peking i 1922.

Haslund-Christensen, Henning   R691
Asiatiske strejftog.
Kbh.: Gyldendal. 1946.   260 s.ill.fotos,kort
Bogen indeholder en række spredte beretninger fra Haslunds oplevelser i Kina
og Mongoliet. Selv om værket ikke har hans andre bøgers fortættede karaktér
og fremadskridende dynamik, så er de rolige stemningsmættede beretninger
meget interessante og læseværdige.

Haslund-Christensen, Henning   R692
Jabonah.
Kbh.: Gyldendal. 1932.   232 s.ill.fotos,kort
Forfatteren giver her sin version af Krebs' ekspedition til Bulguntal i
Mongoliet, og sine egne oplevelser som deltager. Haslund er den fødte
fortæller. Samtidig har han ordet i sin magt og videregiver sit intime
kendskab til mongolsk kultur og levevis med smittende entusiasme. Glimtvise
oplysninger om den danske og skandinaviske koloni i Kina.

Haslund-Christensen, Henning   R693
Zajagan.
Kbh.: Gyldendal. 1935.   244 s.ill.fotos,kort
Zajagan er mongolsk for "Held og lykke på rejsen", og dette er en beretning om
Haslunds fantastiske oplevelser på en ekspedition til Mongoliet, hvor han
bl.a. i lang tid boede hos torguterne, et ophold hvis materielle resultater kan
ses på Nationalmuseet i København. Haslunds bøger er uomgængelige ved et
studium af Mongoliet.

Hedin, Sven   R694
   En færd gennem Asien 1893-1897. 2 Bd.
   Kbh.: Nordisk. 1898.   338,274 s.ill.fotos,kort
1893-97 gennemrejste Hedin Centralasien, specielt området omkring og i
ørkenen Takla-makan, samt gennem det nordlige Tibet. Værket er strengt
kronologisk opbygget og rummer foruden en lang række interessante
observationer en masse spændende oplevelser og dramatiske situationer, bl.a.
ved krydsningen af nogle store ørkenområder. Et hovedværk om udforskningen
af Centralasien.

Hedin, Sven   R695
   Fra pol til pol. Bd.1: En rejse gennem Europa og Asien.
   Kbh.: Nordisk. 1912.   320 s.ill.fotos
   Kina: passim
En rejse til Japan 1905-1909 kædes sammen med beretninger fra tidligere
ekspeditioner til Asiens indre. Nye skildringer af Shanghai, Peking og Port
Arthur. Hedins styrke ligger i ekspeditionsbeskrivelser, ikke i
rejsebeskrivelser. Denne er helt uinteressant.

Hedin, Sven   R696
   Gennem Asiens æventyrlande.
   Kbh.: Gyldendal. 1904.   304 s.ill.fotos
Omhandler Hedins ekspeditioner fra 1899-1902, i hvilke han blandt andet
sejlede ned ad centralasiatiske floder og forsøgte at trænge frem til Lhasa.
Som sædvanligt er det velskrevet med sans for detaljen og det dramatiske
element i en opdagelsesrejse.

Hedin, Sven   R697
   Transhimalaya. Opdagelser og æventyr i Tibet. 2 Bd.
   Kbh.: Gyldendal. 1911-1912.   319,333 s.ill.fotos,kort
Omhandler Hedins ekspeditioner til Tibet i årene 1906-1907 og 1907-1908.
Værket er uhyre detaljeret, grundigt og velskrevet i Hedins flydende
selvsikre stil. Bedre beskrivelse af Tibet findes ikke på dansk.

Hellssen, Henry   R698
   Jeg forlovede mig med livet.
   Kbh.: Branner. 1950.   296 s.
   Kina: s.265-296
En journalists rejse i 1937 gennem Szechuan, Kham og over grænsen ind i Tibet.

Hobe, Johanne A. R699

Rejseminder fra Japan, Kina, Ægypten, Palæstina og Europa.
Kbh.: Alexander Brandt. 1908. 256 s.ill.
Kina: s.97-143
Shanghai, Hong Kong, Canton og Macao set gennem uvenlige og nedsættende
norsk-amerikanske øjne, 1902.

Hoskiær, V. R700

Rejse i China, Japan og Indien.
Kbh.: Wilhelm Prior. 1880. 415 s.kort,indeks,bibl.
Kina: s.49-215
Fra 1870 til 1876 afbrød Hoskiær sin militære karriere for at arbejde for Det
Store Nordiske Telegrafkompagni. I denne periode spillede han en stor rolle
ved udbygningen af telegrafnettet i Asien. Bogen skildrer hans anden rejse i
Kina, 1874-75, der bragte ham vidt omkring og gav ham kontakt med alle
samfundslag. Et væld af interessante oplysninger.

Houckgeest, Everard van Braam R701

**Gesandtskabsrejse til kejseren af China i aarene 1794 og 1795 foranstaltet
af det Hollandsk-Ostindiske Selskab.**
(Archiv for de nyeste og mærkværdigste rejsebeskrivelser, Bd.8, 1799,
320 s.)

Huusmann, J. H. R702

**En kort beskrivelse over skibets Cron-printz Christians lykkelige giorde
reyse baade til og fra China.**
Kbh.: 1733. u.forl. 70 s.
Adskillige senere danske, tyske og franske udgaver.
Skibspræstens dagbogsagtige beskrivelse 1730-1732 har været meget
efterspurgt i tiden, hvad de gentagne udgivelser beviser. Bortset fra religionen
en sympatiserende beskrivelse af alle aspekter af Kina. Samme rejse som
Wigant, jvf. nr.771.

Illion, Theodore R703

Forklædt gennem Tibet. Mellem nomader, røvere, lamaer og vismænd.
Slagelse: ASA. 1939. 131 s.fotos
Fantastisk beretning om en rejse til fods gennem Tibet i starten af trediverne,
foretaget af en canadisk ekspert i Tibet. Her er alt lige fra naturbeskrivelser
over flyvende lamaer til tibetansk medicin og mystik. Desværre gik
forfatterens kamera i stykker undervejs, så han kan ikke dokumentere sine
ellers sensationelle oplevelser!

Irgens-Bergh, Alfred von R704

Reise i fire verdensdele, i aarene 1881 og 1882.
Kbh.: Emil Bergmann. 1891. 815 s.ill.
Kina: s.476-520

Med åbent sind og karske kommentarer videregives indtryk fra Hong Kong,
Canton, Macao og Shanghai.

Jensen, Erik Flensted R705

Med Niels Bukh Jorden rundt.
Kbh.: Gyldendal. 1932. 195 s.ill.fotos,kort
Kina: s.74-83

Betaget beskrivelse af Mukden.

Jensen, Jacob R706

Rekordtur Jorden rundt paa cykle. Af mine dagbogsblade.
Horsens: Eget forlag. 1930. 168 s.fotos
Kina: s.138-142

Sensationsprægede skildringer fra Hong Kong og Shanghai.

Jungersen, Kay R707

Paa togt med danske orlogsmænd.
Kbh.: Hirschsprung. 1941. 160 s.fotos
Kina: s.47-53

Glimt af Valkyriens togt 1899-1900. Besøget i Foochow.

Kampp, R. R708

Blade af Verdens bog.
Kbh.: Nyt Nordisk. 1923. 155 s.fotos
Kina: s.48-50, 141-143

Krænkning af gravfreden på landet.

Katz, Richard R709

Glade dage i den brogede verden.
Kbh.: Jespersen og Pio. 1932. 240 s.ill.
Kina: s.208-237

Impressionistiske opsatser fra Amoy, Tsingtao og Peking i 1929. Ser med
kritiske øjne på europæernes tilstedeværelse.

Key, Charles E. R710

Vor tids opdagelsesrejser.
Kbh.: Reitzel. 1949.   223 s.ill.kort
Kina: s.64-100

Personcentrerede beskrivelser med fremhævelse af de geografiske og
lokalpolitiske faremomenter. Omfatter udforskningen af Tibets randområder,
samt Det Gule Togt.

Kipling, Rudyard R711

Fra hav til hav.
Kbh.: Pio. 1913.   524 s.
Kina: s.68-118

Hong Kong og især Canton som set gennem pestbefængte briller.

Klein, Johanne R712

Rejseminder fra fjerne egne.
Kbh.: Nyt Nordisk. 1940.   136 s.fotos
2.forøgede udg. 1942.   203 s.fotos
Kina: s.61-91
2.udg. s.75-102

Mukden, Peking og.Canton i hurtige rejserids og ikke ganske uden fejl og
fordomme.

Klitgaard, Kaj R713

Mit skib er ladet med.
Kbh.: Martin. 1932.   327 s.ill.
Kina: s.153-172

Shanghai og Hong Kong set med lukkede øjne og beskrevet i forvrøvlet
sømandsjargon.

Konow, Henri R714

**I Asiens farvande. Ombord i en fransk orlogsmand ved Middelhavets,
Indiens, Bagindiens, Kinas, Japans og Koreas kyster.**
Kbh.: P. G. Philipsen. 1893.   409 s.ill.fotos
Kina: s.38-46, 159-170, 305-354

En søofficers ligefremme skildringer fra besøg i en række kinesiske havnebyer.

Kornerup, Ebbe R715

Mennesker Jorden over.
Kbh.: Globen. 1944.   293 s.
Kina: s.18-19, 67-101

En rejse fra Canton til Peking beskrevet med åbne øjne og åbent sind.

Kornerup, Ebbe   R716
Ud i den vide Verden.
Kbh.: Nyt Nordisk. 1941.   222 s.
Kina: s.75-79
Sympatiserende kort beskrivelse fra Hong Kong og Canton.

Krarup Nielsen, Aage   R717
Jordens erobring. Alle tiders store opdagelsesrejser. Bd.4. Opdagelsesrejser og togter i Asien. Del 2: De mongolske lande.
Kbh.: Chr. Erichsen. 1931.   352 s.ill.fotoskort
Velillustrerede og oversigtlige beskrivelser rejse for rejse.

Krarup Nielsen, Aage   R718
Marco Polos rejser. Genfortalt af -.
Kbh.: Gyldendal. 1935.   205 s.ill.kort,bibl.
8.opl. 1961.   164 s.ill.kort,bibl.
Godt illustreret genfortælling/gengivelse skrevet af Danmarks vel nok kendteste og bedste rejseforfatter i hans letflydende og fortælleglade stil.

Kreitner, G.   R719
Langt mod Øst. Rejseskildringer fra Indien, Kina, Japan, Tibet og Birma.
Kbh.: Forlagsbureauet. 1882.   851 s.ill.kort
Kina: s.84-169, 301-830
Forfatteren deltog som geograf i Grev Béla Széchenyís ekspedition 1880. Kreitners værk er mere en underholdende traditionel rejsebeskrivelse end en videnskabelig redegørelse, men alene i kraft af sin størrelse og af billed-materialet er værket yderst informativt. Hovedvægten ligger på det vestlige Kina og det østlige Tibet.

Kristensen, Tom   R720
Hvad var mit ærinde? Rejseglimt.
Kbh.: Gyldendal. 1968.   193 s.
Kina: s.16-25, 26-33
"Om kinesiske templer" med stærkt impressionistiske indtryk fra et tempel i Shanghai og fra Pi Yün Ssu uden for Peking (Optrykt fra "Vore Herrer" 15.3.1923), samt "Shanghais lyksaligheder" med koloristisk musikalske indtryk (Optrykt fra "Vore Herrer" 27.9.1923). De oprindelige artikler med gode fotos.

Landor, Henry Savage   R721

Paa forbudne veie. Reiser og eventyr i Tibet.

Kbh.: A. Christiansen. 1899.   516 s.ill.fotos

En klassiker i den uforfærdede vesterlændings møde med farer. I dette tilfælde Tibet. Grænsen mellem virkelighed og overdrivelse noget uklar. Med stor detailrigdom i beskrivelse af lamaer, fysiske genstande og ritualer.

Laursen, M.   R722

Fem helte. Berømte opdagelsesrejsende, deres liv og rejser fortalt for ungdommen.

Kbh.: E. Jespersen. 1911.   166 s.ill.

Kina: s.80-111

Dramatiske episoder fra Sven Hedins opdagelsesrejser.

Lavollée   R723

Reise i China, fortalt af Lavollée, tilligemed beskrivelse af Michel Novarros fangenskab i det indre af China.

Kbh.: C. Steen. 1858.   168 s.

Med udgangspunkt i Macao og Canton beskrives en række byer. Det sker ret indgående, - og skønt førstehåndsindtryk er det med fast substans. Desuden mange observationer af kinesernes levemåde.

Le Fèvre, Georges   R724

Det Gule Krydstogt.

Kbh.: Chr. Erichsen. 1937.   186 s.ill.fotos

Fra Beirut til Peking i Citroën, 1931-32. Levende indtryk af røvere og krigsherrer i Sinkiang og Kansu.

Lehmann, Johannes   R725

Gennem Østen.

Kbh.: Jespersen og Pio. 1930.   248 s.fotos

Kina: s.145-173, 218-246

Hong Kong, Shanghai og Manchuriet. Uforbeholden begejstring for dansk virke og alt dets væsen. Tætte lyriske beskrivelser, der ikke når under overfladen.

Lehmann, Jul.   R726

Til Østen under sejl. Med handelsfregatterne rundt Kap omkring aar 1800.

Kbh.: Gyldendal. 1935.   164 s.ill.fotos,kort,indeks,bibl.

Kina: passim

Tætte oplysninger om forholdene ved Canton. Og om de kinesiske varer.

Linck, Olaf   R727
  Fra Kina til Danmark i en ketch. Tre unge danske mænds oplevelser paa
  den eventyrlige sejlads. Udarbejdet efter samtaler og dagbøger.
  Kbh.: Gyldendal. 1924.   155 s.fotos
  Kina: s.7-31
Lidt om Amoy og pirater.

Lindbergh, Anne Morrow   R728
  Over Polarhavet til Orienten.
  Kbh.: Chr. Erichsen. 1937.   223 s.foto,kort
  Kina: s.165-195
Et flyvertogt til Kina, med nære beskrivelser af oversvømmelser omkring
Nanking 1931.

Ludvigsen, Th. E.   R729
  Erindringer om mine søreiser og livs begivenheder.
  Kbh.: Trykt som manuskript. 1890.   126 s.
Overordentligt detaljerede og nyttige beskrivelser af handelen i Canton
1820-30.

Macartney, Lord   R730
  Lord Macartneys gesandtskabs-reise til China.
  (Archiv for de nyeste og mærkværdigste rejsebeskrivelser, Bd.7, 1798,
  s.1-400, Bd.10, 1799, s.1-290)
Den centrale beskrivelse af denne historiske mission i 1793.

Madsen, Henrik   R731
  Med Paps Jorden rundt. Rejsebilleder med illustrationer.
  Kbh.: Radiolytteren. 1929.   144 s.ill.fotos,kort
  Kina: s.95-104
Ligefremme iagttagelser af en betaget rejsende. Fra Hong Kong, Canton og
Shanghai.

Magnusson, Arni   R732
  En islandsk eventyrer. Arni Magnussons optegnelser.
  Kbh.: Gyldendal. 1918, 187 s.indeks
  (Memoirer og breve, Bd.28, udgivet af Julius Clausen og P. Fr. Rist)
Beskrivelse fra Canton 1760, set fra dækket af en Kinafarer.

Mannerheim, C. G.   R733

Fra Samarkand til Peking på hesteryg.
Kbh.: Gyldendal. 1941.   628 s.ill.fotos,indeks

Mannerheim rejste i perioden 1906-1908. Han var på det tidspunkt oberstløjtnant i den russiske hær og skulle i det indre Kina undersøge, om kineserne overholdt reformerne, der var indført efter Bokseropstanden. Værket er en meget omfattende gengivelse og bearbejdning af hans dagbog fra rejsen, med dagbogsstrukturen beholdt. Detaljeret og tung, men uhyre interessant.

Marco Polo   R734

Marco Polo, en venetianers besynderlige begivenheder og reise igiennem en stor deel af Asien, Tartariet og Ostindien, ved aaret 1269.
(Samling af de bedste og nyeste reisebeskrivelser i et udførligt udtog ..., Bd.3, 1790, s.170-246)

Marco Polo   R735

Marco Polo's rejse i Asien.
(Frem, 1925, A, Bd.1, Del 1, s.179-186,ill.fotos,kort)

Enkel, nøgtern skildring.

Matelief, Cornelius   R736

Cornelius Mateliefs reise til Ostindien, i aaret 1605.
(Almindelig historie over reiser til lands og vands; eller samling af alle reisebeskrivelser .., Bd.12, 1758, s.32-43)

Forgæves handelsforsøg ved Canton.

Matthison-Hansen, Aage   R737

Fra Kina. Rejsebreve og essays.
Kbh.: J. H. Schultz. 1923.   107 s.ill.

Som en kulmination på lang tids interesse for Kina besøgte forfatteren landet i 1905-1906, blandt andet Shanghai og Ningpo. Indtryk fra denne rejse er her blandet med tidligere småstykker. F.eks. publiceres her en artikel om det kinesiske sprog.

Mundt, Gerda   R738

Jorden rundt med Gerda Mundt.
Kbh.: Gyldendal. 1949.   163 s.fotos
Kina: s.64-100

Sympatiserende førstehåndsindtryk fra Hong Kong, Canton, Hangchow og Shanghai. Med mange dansker-besøg.

Møller, Nic.   R739
Min rejse rundt om Jorden.
Kbh.: Trykt som manuskript. 1932.   38 s.
Kina: s.19-25
Hong Kong, Canton og Shanghai besøgt. Mad, penge og hoteller omtalt.

Nissen, Tage   R740
Undervejs.
Kbh.: Fr. E. Pedersen. 1939.   262 s.
Kina: s.235-250, 259-262
En sømands oplevelser i Shanghai og Dairen, tilsat journalistens nylæste
viden.

Nordmann, V.   R741
Den amerikanske ekspedition til Mongoliet.
Kbh.: Folkeuniversitetsudvalget. 1929.   16 s.bibl.
(Grundrids ved folkelig universitetsundervisning, nr.368)
Zoologiske og geologiske ekspeditioner.

Oberlænder, R. og Louis Thomas   R742
**Opdagelsernes bog. En fremstilling af opdagelsesreiserne fra de ældste
tider indtil vore dage. Bd. 1**
Kbh.: Wulff. 1890.   191 s.ill.kort
Kina: s.25-44, 59-60
Opridsning af hovedtrækkene og de mere kuriøse dele i Marco Polo's rejser.

Olearius, Adam   R743
Orientalische Reise-Beschreibung. Jürgen Andersen und Volquard Iversen.
Schleswig: u.forl. 1669.   236 s.ill.indeks
Repr. Tübingen: Niemeyer. 1980.   236, 35 s.ill.indeks
Kina: s.114-141
Væsentlig, tidlig beretning om Formosa, men især om et fangenskab i Kina hos
først Ming-tilhængere og senere under Ch'ing-styrker. Samt flugten herfra.
Reprintet har en tilføjet beskrivelse af forfatterne og deres eventyr.

Olsen, F. C.   R744
Poul Martin Møllers levnet, med breve fra hans haand.
Kbh.: Bianco Luno. 1843.   116 s.
Kina: s.50-54
Brev fra Canton 15.oktober 1820.

Oswald, H.   R745

Den lille verdensomseiler, eller Theodors eventyr og hændelser paa sine reiser i forskjellige verdensdele.
Kbh.: C. Steen. 1834.   469 s.ill.
Kina: s.199-219, 238-244
Fantasifyldt beretning, byggende paa andres beskrivelser. Især med vægt på dyr, fugle og planter.

Outhwaite, Leonard   R746

Vor klodes erobring.
Kbh.: Gyldendal. 1937.   360 s.ill.indeks
Kina: s.56-58 ,201-209, 220-228
Nøgtern men personcentreret beskrivelse af Vestens opdagelsesrejser.

Perouse, la   R747

La Perouses reise omkring Verden.
(Archiv for de nyeste og mærkværdigste rejsebeskrivelser, Bd.15, 1800, 254 s., Bd.16, 1801, 434 s.)
Kina: Bd.15 s.197-215, Bd.16 passim

Petersen, Carl Emil   R748

Jorden rundt to gange. En haandværkers rejseskildringer.
Kolding: u.forl. 1907.   132 s.ill.fotos
2.udg. Odense: Milo. 1910.   148 s.ill.foto
3.udv. udg. Silkeborg: Forf. forlag. 1915.   160 s.ill.foto
Kina: s.109-114, 118-119
2.udg.: s.124-130, 133-135
3.udg.: s.130-136, 139-142
Korte ophold i Hong Kong og Shanghai. Negative indtryk. De sidste to udgaver med undertitlen "25,000 danske mil uden penge".

Pinto, Ferdinand Mendez   R749

Ferdinand Mendez Pinto og hans reyser.
(Almindelig historie over reiser til lands og vands; eller samling af alle reisebeskrivelser .., Bd.13, 1759, s.264-427)
Kina: passim
Oplevelser fra 1521 til 1558, - hvoraf en del i Kina.

Poulsen, Johannes R750

Gennem de fagre riger.
Kbh.: Pio. 1916.   181 s.fotos
Kina: s.102-130
Detaljeret beskrivelse af teateroplevelser i Peking. Møde med Putnam Weale, og udflugt til Muren.

Prschevalskij R751

Prschevalskij's rejser i de kinesiske højlande fra 1870 til 1885. I uddrag ved Chr. Grønlund.
Kbh.: Gad. 1895.   259 s.ill.
(Særtryk af "Folkelæsning" 1893-94, nr.197, 198, 199, 201 og 205.
/"Smaastykker" Bd.18 nr.3-5, Bd.19 nr.1 og 4)

Ravn-Jonsen, I. R752

Med Sven Hedin gennem det mørke Asien.
Kbh.: Hage & Clausen. 1926.   139 s.foto,ill.
Hedins fjerde rejse, med Tibet som mål, 1899-1902. På trods af ekspeditionens yderst dramatiske elementer gør den langsomme dagbogsagtige form bogen til en tør ørkenvandring. Ungdomsbog.

Reiser R753

Reiser gennem Tartariet, Tibet og Buchariet, til og fra China.
(Almindelig historie over reiser til lands og vands; eller samling af alle reisebeskrivelser .., Bd.10, 1757, s.325-538, Bd.11, 1758, s.1-218,ill.kort)
Mere eller mindre fuldstændige uddrag af centrale, tidlige rejsebeskrivelser. Vigtig.

Rejser R754

Rejser til riget China.
(Almindelig historie over reiser til lands og vands; eller samling af alle reisebeskrivelser .., Bd.7, 1751, s.257-532, Bd.8, 1751, s.1-161,ill.kort)
Mere eller mindre fuldstændige uddrag af centrale, tidlige rejsebeskrivelser. Vigtig.

Rieger, Jonny R755

Rejsefeber.
Kbh.: Schultz. 1948.   195 s.fotos
Kina: s.112-158
Intenst smertefulde afsløringer af børnearbejde og håbløst fortabte fabriksarbejdere i Dairen, Shanghai og Peking.

Rosenberg, Holger   R756
En vandringsmand sætter staven.
Kbh.: Hasselbalch. 1937.   408 s.kort
Kina: s.92-112, 200-246
Rejse i Kina 1903 og 1908-1909. Tætte tænksomme skildringer med et vidsyn ud
over sin tid. Shanghai og en rejse ad Yangtse i centrum. Farverig tillige.
Ny udg. med titlen: "Jorden rundt med Holger Rosenberg".

Rosenberg, Holger   R757
Jorden rundt med Holger Rosenberg.
Kbh.: Hasselbalch. 1951.   302 s.kort
Kina: s.67-79, 141-175
Forøget udgave af "En vandringsmand sætter staven".

Scharling, Hother   R758
Med femmastet bark "København" Jorden rundt.
Kbh.: Gyldendal. 1923.   188 s.ill.kort
Kina: s.100-117
Opholdet i Dalny med vægt på den japanske befolkning. Kineserne betragtes
kun som kulier.

Schiøttz-Christensen, L.   R759
**Fra Singapore til Honolulu. Rejsebreve. (Særtryk af Aalborg
Stiftstidende 1922)**
Aalborg: Aalborg Stiftstidende. 1923.   244 s.ill.
Kina: s.155-213
Rejseoplevelser fra Kinas større byer set med åbne turistøjne.

Schmidt, Johannes   R760
Dana's togt omkring Jorden, 1928-1930.
Kbh.: Gyldendal. 1932.   369 s.ill.kort
Kina: s.172-178
Maskinmester Sejrups flygtige indtryk fra Shanghai.

Smith, B. Webster   R761
Mod ukendte egne. Med livet i vove.
Kbh.: Gyldendal. 1933.   120 s.fotos
Kina: s.15-23, 92-108
Populær version af Hedin i Taklamakan 1895, og af forsøgene på Mount
Everest 1922 og 1924.

Sonne, Chr.   R762
Breve fra en rejse Jorden rundt. (Særtryk af Lolland-Falsters
Stiftstidende)
Nykøbing F.: Lolland-Falsters Stiftstidende. 1919.   130 s.
Kina: s.89-104
Åbent refererende turistindtryk fra Shanghai, Peking, Hong Kong og Canton.

Spry, W. J. J.   R763
Korvetten Challengers rejse omkring Jorden.
Kbh.: P. G. Philipsen. 1879.   436 s.ill.kort
Kina: s.272-286
Mættede indtryk af det kuriøse i Hong Kong og Macao.

Svedstrup, Alexander   R764
De danskes vej. Indtryk og billeder fra krydserkorvetten "Valkyrien"s
togt til Østasien 1899-1900. Algier, Kreta, Ceylon, Saigon, Siam, Kina,
Japan.
Kbh.: Gyldendal. 1902.   397 s.ill.bibl.fotos
Kina: s.292-339
Som repræsentant for Store Nordiske Telegrafselskab skildres
telegrafvæsenets historie i Kina udførligt. Desuden ret karaktérløse
skildringer fra mødet med danskere i Hong Kong, Canton, Foochow og
Shanghai, samt modtagelse hos højtstående kinesere.

Sørensen, Joh. P.   R765
Blandt sæler og smuglere.
Kbh.: Gyldendal. 1936.   142 s.ill.fotos
Kina: s.90-113
Sømands beretning om anløb i Shanghai og på Formosa, samt kamp mod
pirater.

Thorenfeldt, Kai   R766
Jorden rundt paa cykle.
Kbh.: Reitzel. 1928.   175 s.ill.kort
Kina: s.80-82
Flygtige rids fra Hong Kong og Shanghai.

Thornam, Chr.   R767
Skizzer optagne paa corvetten Galatheas jordomseiling 1845-47.
Kbh.: Stinck. 1851.   40 s., 30 tvl.
Kina: s.29
To stik fra Amoy, et kinesisk skib, samt kinesiske lodser.

Turner, Samuel   R768
Samuel Turners gesandtskabsreise til Teschu Lamas hof i Tibet.
(Tillæg til Archiv for de nyeste og mærkværdigste rejsebeskrivelser,
Bd.4-5, 1802, 218,235 s.)
Kina: Bd.4 s.159-218, Bd.5 s.1-124
Udsendt af det Engelsk-Ostindiske Kompagni, 1783.

Urville, Dumont d'   R769
**Malerisk reise omkring Jorden. En populær og kortfattet fremstilling af
Magellans, Tasmans ... og andres opdagelsesrejser og det ved disse for
videnskaberne vundne udbytte. Bd.3. Redigeret af -.**
Kbh.: C. Steen. 1849.   392 s.ill.
Kina: s.24-245
En ganske grundig geografisk, kulturel og historisk fremlægning, med mange
kuriøse og instruktive detaljer. Hovedsagelig set fra Canton.
Litografier tab.18-26 findes i separat bind.

Wallenberg, Jacob   R770
**Min søn paa galejen, eller en ostindisk rejse. Indeholdende alt muligt
smaa blækhornskram samlet paa skibet "Finland", som afsejlede fra
Göteborg i december 1769 samt vendte tilbage til samme sted ...**
Kbh.: Dyva & Jeppesen. 1944.   245 s.ill.
Kina: s.234-242
Fornuftige kritiske bemærkninger fra opholdet i Canton, om jesuitternes
beskrivelser samt om befolkningstallet.

Wigandt, Tobias   R771
**En dagbog ført paa en kinafarer 1730-32 af Tobias Wigandt. Meddelt af G.
L. Grove.**
(Tidsskrift for søvæsen, Ny række, Bd.35, maj 1900, s.181-211,ill.)
Et uddrag af en spændende dagbog, der ligger i Rigsarkivet. De mere private
dele er i kodeskrift, tydet i en kronik af Hans J. Hinrup i Aarhus Stiftstidende
13.5.1982. Samme rejse som J. H. Huusmann, jvf. nr.702.

Øst   R772
Øst og Vest. Samling af noveller, skildringer af naturen og folkelivet.
Odense: Milo. 1853.   259 s.
Kina: s.68-79
En fransk marineofficers beskrivelse af et besøg i Canton.

Amundsen, Sverre S.   V773
Eventyret om Ø. K.
Kbh.: Jespersen og Pio. 1937.   128 s.fotos
Kina: s.110-121
Ukritisk biografi om H. N. Andersen for unge.

Anatomie   V774
Anatomie Mandchoue. Facsimilé du manuscrit no.II du fonds oriental de la
Bibliotheque Royale. Trad. par M. Vilhelm Thomsen.
Kbh.: Bibliotheque Royale. 1928.   13,90 s.ill.

Andersen, H. N.   V775
Indberetning til Grosserer-Societetets komité angaaende forholdene i
Østasien.
Kbh.: Det Danske Handelsforlag. 1900.   69 s.
Rapport om handelsmuligheder, med statistik, varer, regulativer etc.
Oplysninger indhentet under Valkyriens togt.

Anvill, Elis   V776
Den første blandt Kinas kvinder. Fru Chiang Kai-shek.
Kbh.: DMS. 1944.   97 s.foto,bibl.
Et fængslende advokatur for Chiang Kai-shek og hans hustru, deres politik,
kristendom og personlige integritet.

Anvill, Elis   V777
Kinas stærke mand. Chiang Kai-shek.
Kbh.: Lohse. 1945.   144 s.fotos,bibl.
Skrevet i 1939 giver bogen et detaljeret overblik over borgerkrigsperioden med
absolut vægt på Chiang Kai-shek's fortræffelige indsats. Politikken over for
kommunisterne og over for Japan beskrives ganske enøjet.

Baagøe, Povl Hedemann   V778
Dairen. Turistbog.
Dairen: u.forl. 1935.   18 s.
3.udg. 1938.   24 s.

Baagøe, Povl Hedemann   V779
Kina og kineserne. En bogfortegnelse.
Aarhus: De Unges Forlag. 1920.   19 s.
Korte kommentarer til danske, norske, svenske og engelske bøger.

Bache, Erling   V780
Hvide under tropesol.
Kbh.: Hirschsprung. 1939.   284 s.
Kina: s.166-190, 210-217
Forfatteren har rejst og arbejdet i mange år i Østen, og beskriver gennem egne
erfaringer den spændte situation i trediverne, set fra Hong Kong, Macao og
Shanghai.

Bahnson, Kristian   V781
Etnografien. Fremstillet i dens hovedtræk. Bd.2
Kbh.: Nordisk. 1900.   705 s.ill.fotos,kort,indeks,bibl.
Kina: s.580-633
Meget selvsikker fremlægning af de mest indviklede forhold.

Bang, Gustav   V782
Vor tid. Bd.1
Kbh.: Nordisk. 1908.   383 s.ill.
Kina: s.341-72
To artikler om Kina som handelsmarked og som leverandør af arbejdskraft.

Beretninger   V783
Beretninger om chinesiske handelsforhold.
Kbh.: Udenrigsministeriet. 1865.   161 s.
Meget detaljeret fremlægning by for by, vare for vare, og generelt om
mulighederne i Kina, også i konkurrence med andre lande. Dertil en række
reglementer og tabeller.

Beskrivelse   V784
Beskrivelse over China, hvorudi indeholdes landets jordbeskrivelse,
tilligemed dets borgerlige og naturlige historie.
(Almindelig historie over reiser til lands og vands; eller samling af alle
  reisebeskrivelser .., Bd.8, 1751, s.162-530, Bd.9, 1754, s.1-339,ill.kort)
Mere eller mindre fuldstændige uddrag af centrale, tidlige beskrivelser.
Vigtig.

Beskrivelse   V785
Beskrivelse over Korea, det vestlige Tartarie og Tibet.
(Almindelig historie over reiser til lands og vands; eller samling af alle
  reisebeskrivelser .., Bd.9, 1754, s.340-506, Bd.10, 1757, s.1-324,ill.kort)
Mere eller mindre fuldstændige uddrag af centrale, tidlige beskrivelser.
Vigtig.

Birket-Smith, Kaj   V786
    Kulturens veje. 2 Bd.
    Kbh.: Jespersen og Pio. 1941-1942.   320, 368 s.ill.fotos,kort,indeks,bibl.
    Kina: passim
Den brede etnografiske indførsel på verdensplan. Også med gode indstik i
Kina.

Bogtrykkerkunsten   V787
    Om bogtrykkerkunsten, krudtet og compasset, med hensyn til chineserne.
    (Archiv for historie og geographie, Bd.68, 1837, s.417-426)
Uddrag af John Francis Davis.

Boldt, H. W.   V788
    Beretninger om chinesiske handelsforhold i aaret 1865.
    Kbh.: Udenrigsministeriet. 1867.   54 s.
Gennemgang by for by af handelsvarer og markedet generelt.

Bondesen, Ingvor   V789
    Jorden rundt. Geografiske skildringer for skole og hjem.
    Kbh.: N. C. Rom. 1891.   480 s.ill.
    2.opl. 1911.   304 s.ill.
    Kina: s.356-364
    2.oplag: s.223-229
Et lemfældigt udvalg af kinesiske karakteristika, efter F. v. Richthofen.
Ikke overbevisende. 2.opl. med titlen "Geografisk læsebog (Jorden rundt)".

Brandes, Georg   V790
    Samlede skrifter. Bd.17
    Kbh.: Gyldendal. 1906.   437 s.
    Kina: s.74-94
"Hunnertalen", "Missionærer", "En kinesers brev om krigen", og
"Kineserbreve". Ætsende beskrivelser af de fremmede magters
tilstedeværelse i Kina, samt specielt missionens stilling.

Bruun, Daniel   V791
    En dansk foregangsmand i Østen.
    (Gads danske magasin, Årg.19, 1925, s.579-592, 635-648,fotos)
Beskrivelse af H. C. Schiern (1853-1917), ansat i det kinesiske telegrafvæsen.

Bruun, Daniel   V792
Fra de sidste tredive aar. Verdensudstillingen i Paris,
Krigskorrespondent i Østen, ... Erindringer med dagbogsskitser og
fotografier.
Kbh.: Gyldendal. 1927.   227 s.ill.fotos,kort,bibl.
Kina: s.40-153
Let revideret tekst fra nr.791 og nr.794.

Bruun, Daniel   V793
Fra krigen i Mantsjuriet.
(Militærlægen, Årg.13-14, 1905, s.177-201, 1906, s.21-77, 89-132)
Kampe på kinesisk grund, men næsten udelukkende om russiske læger og deres
behandling af sårede. Vurdering af de små japanske kalibres skadevirkning.

Bruun, Daniel   V794
Med russerne i Mantschuriet. Beretninger og optegnelser.
Kbh.: Gyldendal. 1905.   145 s.ill.kort
(Særtryk af Militært Tidsskrift)
Detaljerede beskrivelser af kampene juni-august 1904, med vægt på
troppestyrkernes størrelse og placering. Også mere brede beretninger om typer
i hæren. Meget lidt om kinesere.

(Børnearbejde)   V795
(Børnearbejde)
(Clarté, Aarg.1, 1926, s.181)
Skildring af børnearbejdet i Shanghai

Caspersen, Martin   V796
To opdagere paa rejse.
Kbh.: Eget forlag. 1931.   238 s.ill.fotos
Kina: s.162-167
Hörensagen om "Uhyggelige tilstande i Manchuriet".

Castberg, Peter Atke   V797
Billeder af Jordens mærkværdige bygninger.
Kbh.: Det Kongelige Døvstumme-Institut. 1812.   200 s.ill.
Udgivet i den hensigt at stimulere specielt børns videnslyst ved at
levendegøre fortiden for dem. Omtale af kejserpaladset, pagoder med videre,
heri indbefattet historiske og religionshistoriske oplysninger.

Chang, H. H.   V798

Kina det ukendte. Chiang Kai-shek og hans folk.
Kbh.: Carit Andersen. 1947. 319 s.

Bag titlen gemmer sig en biografi over Chiang Kai-shek. Undervejs får man en del oplysninger om den politiske udvikling i Kina. Værket er ganske velskrevet og sporadisk også interessant, men fuldstændig ukritisk i sin lovprisning af Chiang Kai-shek.

Chi Chi   V799

Chi Chi. Kinesisk daglig raadgiver og spaadomme.
Kbh.: u.forl. u.å. 24 s.

Spådomsanvisninger med 78 pinde.

Chiang, Monlin   V800

Bølger fra Vest. En kinesisk selvbiografi.
Kbh.: DMS. 1949. 312 s.indeks

Fra sin post under Chiang Kai-shek tegner fortatteren et indsigtsfyldt men ukritisk billede af sig selv og af Kinas udvikling fra århundredskiftet.

Chinesisk   V801

Chinesisk kost. Chinesisk sundhed. Chinesisk kræft.
(Beretning fra M. Hindhedes kontor for ernæringsundersøgelser, nr.50, 1945, 15 s.)

Statistisk argumenterede gennemgange af fordele ved vegetarianismen.

Chinesisk   V802

Chinesisk levevis m.m.
(Beretning fra M. Hindhedes kontor for ernæringsundersøgelser, nr.40, 1940, 27,11 s.)
Kina: s.3-23, Bilag: s.1-11

Tabellarisk gennemgang af kinesernes kost, for at bevise vegetarianismens fordele. Bilag med fremlæggelse af statistikker fra John Lossing Buck: "Land Utilization in China".

Chinesisk   V803

Chinesisk skrift og bogtrykkerkunst.
(I ledige timer, Bd.3, 1874, s.157-160)

En skematisk fremstilling efter John Francis Davis, jvf. nr.809.

Christensen, Robert   V804
Kineseren i sit rige.
Kbh.: Det Danske Forlag. 1945.   184 s.fotos
Spændende og velskrevet beretning om forfatterens liv i Mukden, hvor han
opholdt sig i en årrække i trediverne, bl.a. som rådgiver for Chang Tso-lin.
Værket er ganske informativt og interessant, men præget af en næsten total
ukritisk assimilering af kinesiske værdier.

Clausen, Edward   V805
Flimrende Østen.
Kbh.: Branner. 1949.   191 s.fotos,kort
Kina: s.24-144
Behandler borgerkrigen og uddyber situationen ved egne rejser april-maj 1949,
bl.a. til fronten ved Nanking, og senere som een af de sidste til at forlade
Shanghai før kommunisternes indtog i byen. Spændende skrevet og med et
rimeligt sobert overblik i betragtning af at han befandt sig så tæt ved
begivenhederne.

Clausen, Julius   V806
Illustreret litteraturhistorie. Bd.1
Kbh.: Gyldendal. 1901.   416 s.ill.bibl.
Kina: s.3-30, 40
Stille historisk gennemgang ved Vald. Schmidt, med hovedvægt på det
klassiske.

Colonel   V807
Omvæltningen i Østasien. Kina-Japan.
Kbh.: Schubothe. 1895.   32 s.
Kina: s.14-32
Militær og politisk gennemgang af den Kinesisk-Japanske krig om Korea.

Crow, Carl   V808
Fire hundrede millioner kunder. En bog om Kina.
Kbh.: Hirschsprung. 1937.   240 s.ill.
Indsigtsfulde og fornøjelige beskrivelser af kinesisk natur og unatur, belyst fra
et annonceagentur i Shanghai.

Davis, John Francis V809

Chineserne. En almindelig beskrivelse af China og dets indbyggere.
Kbh.: C. Steen. 1843. 890 spalter,ill.

Davis var engelsk overkommissær i Kina under den Første Opiumskrig, og
hans værk er ét af de væsentligste, der udkom på engelsk i perioden. Det
bygger, udover Davis' personlige kendskab til Kina, for en del oplysningers
vedkommende på værker af Staunton og Barrow. Indeholder et væld af
oplysninger og er uomgængelig for en forståelse af datidens Kinabillede.

Dreyer, W. V810

Jorden i tekst og billeder. Bd.3
Kbh.: Gyldendal. 1906. 492 s.fotos
Kina: s.60-134

Factsmættet gennemgang af de enkelte provinser, samt oversigter. Solide
beskrivelser, der ikke er bange for at bevæge sig ud over det leksikonprægede.

Dreyer, W. V811

Landbruget i Kina.
(Vor Jord, 1906-1907, s.465-472,ill.)
Skolebogsagtig opregning af afgrøder.

Dunsterville, L. C. V812

Stilks erindringer.
Kbh.: Gyldendal. 1930. 171 s.ill.fotos,kort
Kina: s.104-120

Fornøjelige erindringer om de allieredes rivaliseringer under ekspeditionen til
Kina under Bokseropstanden. Selvoplevede træk fra jernbanedriften.

Eskelund, Karl V813

Min far trækker tænder ud.
Kbh.: Gyldendal. 1948. 260 s.
Kina: s.190-260

Shanghai's hvide koloni set inde fra, fra privatsfærens vinkel.

Eskelund, Karl V814

Min kone spiser med pinde.
Kbh.: Gyldendal. 1946. 221 s.ill.
3.opl. 1959 og 1972. 190 s.

En smittende bog i sin fascinering af Kina og kineseren på godt og ondt.

Faber, Knud

Indtryk fra et ophold i Kina.
Kbh.: Levin & Munksgaard. 1931.   59 s.ill.fotos
Tre måneders ophold for at undersøge lægeuddannelsesforholdene. Faktuelle, men let optimistiske beretninger om sundhedsvæsen og undervisning.

V815

Faber, Knud

Personlige erindringer.
Kbh.: Gyldendal. 1949.   128 s.ill.fotos
Kina: s.76-85
Hospitalsvæsen, samt et teaterbesøg.

V816

Feng-shui

Feng-shui.
(I ledige timer, Bd.5, 1875, s.275-296)
Med udgangspunkt i kinesernes afvisning af jernbaner og telegraflinier gennemgås feng-shui's virkeflade. Det opstilles som ren overtro, en jordisk pendant til astrologi.

V817

Fischle, Ernst

Seksten maaneder i chinesisk fangenskab.
Kbh.: DMS. 1932.   184 s.ill.foto
Yderst interessant og velskrevet beretning om forfatterens fangenskab hos kinesiske kommunister 1929-1930.

V818

Fisker, Kay

Peking.
(Architekten, Årg.25, 1923, s.121-139,ill.fotos,kort)
Hovedsageligt om Den Forbudte By og om Sommerpaladset, samt generelt om byplanen og de omgivende mure med porte.

V819

Fra

Fra natur og folkeliv. 2 Bd.
Kbh.: Kittendorff & Aagaard. 1869-1871.   248,236 s.
Kina: Bd.1 s.97-99, Bd.2 s.153-166
A. de Quatresages om "Silkeormen" og J. Sahlertz om "Thekulturen".

V820

Friis, Aage

Det nittende aarhundrede. Bd 7, Del 3: Asiens kulturer.
Kbh.: Gyldendal. 1923.   96 s.
Bernhard Karlgren: "Østasien i det nittende aarhundrede". Kortfattet autoritativ gennemgang.

V821

Friis, Aage   V822

Verdenskulturen. Bd.8, Del 2: Det nittende aarhundredes kultur.
Kbh.: Gyldendal. 1910-1912.   735 s.ill,fotos,bibl.
Kina: s.653-677, 686-694, 710-714
Spænder trods titlen over hele Kinas historie. Noget tyndbenet. Skrevet af Fr.
le Sage de Fontenay.

Fugl-Meyer, H.   V823

Chinese bridges.
Shanghai: Kelly & Walsh. 1937.   139 s.ill.fotos,bibl.
Skrevet i Danmark på baggrund af ti års ophold i Kina. Uhyre grundig med
mange fotos og tegninger.

Gadeliv   V824

Gadeliv i China.
(I ledige timer, 2.række, Bd.3, 1879, s.234-40)
Beskrivelse af tiggere, gøglere og spillere.

Gervais, A.   V825

Læge i Kina. Oplevelser under et ophold i det vestlige Kina.
Kbh.: Berlingske. 1935.   204 s.fotos,kort
En beretning bygget på dagbogsoptegnelser "om alle de mærkværdige, komiske
eller tragiske begivenheder, der udfyldte mit liv som læge og docent". Foregår
i Chengtu, Szechuan fra ca.1915.

Gottschalch, Helmuth   V826

Kinesisk demokrati.
(Gads danske magasin, Årg.34, 1940, s.400-404)
Kort gennemgang af fire små partier: Det Nationalt Socialistiske Parti, Det
Unge Kina Parti, Det Tredie Parti og Socialdemokraterne.

Gould, Randall   V827

Sol over Kina.
Kbh.: Skandinavisk. 1946.   397 s.
På baggrund af tyve års journalistisk virksomhed i Kina giver forfatteren en
personlig præget skildring af de indviklede politiske, økonomiske og sociale
forhold. Informationsmættet og inspireret skrevet. Pro Chiang Kai-shek.

Grove-Rasmussen, A. C. L.   V828
Gordon. Levnedstegning ved -.
Kbh.: Udvalget for Folkeoplysningens fremme. 1897.   230 s.ill.kort
2. forøgede oplag. 1897.   274 s.ill.kort
(Særtryk af "Folkelæsning" 1887 og 1888, Smaastykker. Bd.15, nr.141)
Kina: s.13-58, 157-162
2.oplag: s.19-65, 163-168
Sympatiserende beskrivelse af Gordons indsats mod Taiping-oprøret, samt
hans anbefalinger vedrørende Kinas militære udvikling.

Grünbaum, I. og Hanna Kobylinski   V829
Kina og stormagterne.
Kbh.: Gyldendal. 1942.   202 s.kort,indeks,bibl.
En noget overset men meget vigtig bog, med oversigtlige kapitler om den sidste
historiske udvikling, men især også om råstoffer, trafik, udenrigshandel,
investeringer med videre. Alt underbygget af statistikker og omhyggelige
notehenvisninger.

Grut, Edmund   V830
Kina i støbeskeen.
Kbh.: Gyldendal. 1947.   158 s.ill.kort,indeks,bibl.
Behandler Kinas historie fra 1911-1947. Særdeles velorienteret bygger
forfatteren dels på egne erfaringer dels på en række "klassiske" amerikanske
Kinabøger fra trediverne og fyrrerne. Har markante synspunkter på Chiang
Kai-shek og kommunisterne.

Gunther, John   V831
Bag Asiens kulisser.
Kbh.: Aschehoug. 1939.   648 s.kort,indeks,bibl.
Kina: s.116-316 og passim
Bogen er blevet til på baggrund af en rejse rundt i Asien i 1937-1938. Den er
skrevet umiddelbart før krigsudbruddet, og er en meget læseværdig blanding
af rejsebeskrivelse og politisk og samfundsmæssig orientering, iblandet en
række biografier af periodens fremtrædende personligheder.

Haarup, Jens   V832
Sociologi i grundrids. Bd.1: De vigtigste kultursamfund.
Kbh.: Haase. 1920.   241 s.bibl.
Kina: s.35-45
Byggende på andre brede værker. Med enkelte selvstændige vurderinger, men
i det hele ret lidenskabsløs.

Hannover, Emil   V833
Den ældste kinesiske keramik. Belyst ved eksempler fra
Kunstindustrimuseet.
(Skønvirke, Årg.6, 1920, s.1-15,fotos)
Historisk detailgennemgang knyttet til vaser, skåle med videre.

Hannover, Emil   V834
Keramisk håndbog.. Bd.2,1: Kina - Korea - Japan.
Kbh.: Henrik Koppel. 1923.   287 s.ill.kort,indeks,bibl.
Kina: s.1-183, 264-266, 269-279
Det tidligere standardværk om kinesisk keramik.

Hansen, A. C. V.   V835
Paa yderste forpost for Det Store Nordiske Telegraf-Selskab.
Odense: Nordisk Litteratur Forlag. 1950.   360 s.fotos
Kina: passim
En helt anderledes bog om Store Nordiske. Med 50 års tjeneste som ballast
hudfletter forfatteren kompagniet i mange af dets handlinger. Samtidig er
bogen båret af varme og humor i sine jordnære skildringer af danskere derude.
Hovedsagelig set fra grænsebyerne Kiachta og Maimachin.

Hatt, Gudmund   V836
Afrika og Østasien. Kolonispørgsmålene.
Kbh.: Radiobøgerne. 1938.   125 s.bibl.
Kina: s.106-125
En skematisk fremstilling af og spekulation i, hvem der kan gå i krig med
hvem. Den kinesiske virkelighed ukendt for forfatteren.

Hatt, Gudmund   V837
Kampen om magten. Geopolitiske strejflys.
Kbh.: Berlingske. 1940.   340 s.
Kina: s.228-231, 284-286 og passim
En samling af avisartikler. Kina hovedsageligt belyst i Japans skygge.

Hatt, Gudmund   V838
Stillehavsproblemer.
Kbh.: Hagerup. 1936.   84 s.kort,bibl.
(Det Kongelige Danske Geografiske Selskabs Kulturgeografiske Skrifter)
Kina: s.31-45 og passim
Skematisk fremlægning af råstoffer og markeder, og mulige udviklinger.

Hauser, Ernest O. V839
Shanghai. By til salg.
Kbh.: Branner. 1941. 283 s.
Letskrevet og levende skildring af Shanghais historie fra 1840 til cirka 1938.

Hedin, Sven V840
"Den Store Hest"s flugt.
Kbh.: Hirschsprung. 1936. 288 s.ill.fotos,kort
I 1933 fik Hedin overdraget hvervet at afstikke to veje mellem Kina og
Sinkiang. På dette tidspunkt var Kina midt i en blodig borgerkrig, samtidig
med at man kæmpede mod japanerne. Situationen i Sinkiang var kaotisk med
kampe mellem tyrkere, russere, japanere og kinesere. Hovedpersonen i Hedins
beretninger, Ma Chung-yin, var tungusisk general. Bogen hører ikke til Hedins
bedste.

Hedin, Sven V841
Jehol. Kejserstaden. Skildringer fra de store Manchukejseres hof.
Kbh.: Gyldendal. 1933. 182 s.fotos
Et kulørt vævet klæde af arkitektonisk beskrivelse, historisk levendegørelse
og tæt samtidsbeskrivelse. Spændende læsning.

Heiberg, Valdemar V842
Østen og mulighederne for Danske derude.
Kbh.: Pio. 1923. 16 s.
(Grundrids ved folkelig Universitetsundervisning, nr.315)
Let ansporende fremlægning. Vil fremme dansk virke i Østen.

Heiser, Victor V843
Alverdens læge.
Kbh.: Jespersen og Pio. 1937. 420 s.
Kina: 414-420 og passim
Usympatisk forfatters korte møde med Shanghai.

Hellwald, Friedrich v. V844
I zigzag. Kulturhistoriske og etnografiske billeder og skitser.
Kbh.: Andr. Schou. 1893. 223 s.
Kina: s.192-212 og passim
Kontant bedrevidende og nedladende beskrivelse af samfundslivet og dets
kuriøse udslag.

Henningsen, J.   V845
Den gule fare.
(Dansk Tidsskrift, 1905, s.321-330)
Maner fornuftigt alle overdrevne racetræk i jorden. Kina er stillet i skyggen af
Japan.

Henningsen, J.   V846
Den kinesiske krise.
(Dansk Tidsskrift, 1901, s.589-606, 684-691)
En jordnær forklaring på kinesernes Bokseropstand med ubehagligt lys på den
Vestlige indtrængen.

Henningsen, J.   V847
Det himmelske rige. Skitser fra Kina.
Kbh.: Høst. 1887.   275 s.ill.foto
Henningsen (1849-1913) er én af de mest interessante skikkelser blandt
danskerne, der bosatte sig i Kina. Han blev efter en karrière i Det Store
Nordiske Telegrafselskab ansat i det kinesiske telegrafselskab og udnævnt til
mandarin. Han har publiceret en række bøger og talrige artikler. Hans navn
findes overalt i dansk Kinalitteratur, og hans værker har givetvis påvirket
samtidens kinabillede meget. I dette værk gives en generel kultur(geografisk)
og etnografisk beskrivelse af Kina og det kinesiske folk, - en del af indholdet
har været offentliggjort i forskellige tidsskrifter. Tydeligt præget af dybt
førstehåndskendskab til det kinesiske samfund. Bogen har været meget
udbredt og citeres i mange senere værker.

Henningsen, J.   V848
Djung Rhua Dji. Kinesiske typer og skitser.
Kbh.: Gyldendal. 1894.   227 s.ill.fotos
I dette værk giver Henningsen en række biografier af fremtrædende kinesere,
herunder Li Hung-chang. Desuden en karakteristik af kinesiske typer -
kompradoren, litteraten, kunstneren, bonden etc. Bogen er skrevet i
Henningsens sædvanlige letflydende elegante stil.

Henningsen, J.   V849
Japan og Kina.
(Tilskueren, 1904, s.429-443)
Gennemgang af det militært-politiske spil, med Rusland anset for den
farligste magt i Kina.

Henningsen, J.   V850
Japan, Rusland og Mantschuriet.
(Tilskueren, 1904, s.199-212)
Opridsning af den aktuelle situation med vægt lagt på jernbanerne.

Henningsen, J.   V851
Kina under forvandlingens tegn.
Kbh.: Gyldendal. 1913.   351 s.ill.fotos
Værket indeholder en del velkendt kulturhistorisk stof, hentet fra
forfatterens tidligere bøger, men beskæftiger sig dernæst først og fremmest
med perioden fra 1860 til 1911, hvor han bygger på værker af Bland og
Backhouse. Henningsen er her uden for sit egentlige fagområde, hvor
erfaringerne ikke længere har samme vægt, og værket er hans svageste.

Henningsen, J.   V852
Peking Gazette.
(Danmark, Illustreret kalender for 1891, s.141-148)
Verdens ældste dagblad beskrevet kort og klart.

Henningsen, J.   V853
Under punkhaen. Skitser fra livet i Kina.
Kbh.: Gyldendal. 1897.   156 s.
Indeholder en række skildringer af livet i Kina, set fra den hvide mands side
- først og fremmest menneskeskæbner - anekdotiske i formen og ikke uden
lighedspunkter med den Kiplingske kolonifortællestil.

Henningsen, Sven   V854
Det fjerne Østen.
Kbh.: Munksgaard. 1942.   16 s.bibl.
(Grundrids ved folkelig universitetsundervisning, nr.441)
Skolebogsagtig leksikalsk opremsning af de sidste hundrede års politiske
historie.

Henningsen, Sven   V855
Det fjærne Østen og magternes kamp.
Kbh.: Gyldendal. 1941.   192 s.ill.kort
Detaljeret , velunderbygget og velargumenteret gennemgang af det politiske
spil i Østasien fra århundredskiftet til Anden Verdenskrig. Forfatterens
vurderinger er præget af, at Japan og USA endnu ikke var i krig, da bogen blev
skrevet.

Henriksen, Aage   V856
Dagligt liv i Peking.
Kbh.: Nyt Nordisk. 1931.   117 s.fotos
Dagnære beskrivelser, der bringer tilværelsen i Peking tæt ind på kroppen og ind under den hvide hud.

Hindhede, M.   V857
Kostundersøgelser hos kinesiske børn m.m.
(Beretning fra M. Hindhedes kontor for ernæringsundersøgelser, nr.25, 1927, Bilag: Særtryk af Ugeskrift for Læger, nr.12, s.237, 12 s.)
Argumentation for vegetarisk levevis.

Hino, Ashihei   V858
Under solbanneret.
Kbh.: Gyldendal. 1940.   371 s.kort
Den japanske side af historien ved erobringen af Shanghai i 1937-1938. Vigtig som modbillede til de kinesiske og vestlige skildringer.

Hoeck, Johannes   V859
Kinas sorte rigdomme.
(Gads danske magasin, Årg.15, 1921, s. 37-41)
Let-skøjtende omtale af kul og jernbaner.

Holberg, Ludvig   V860
Epistler. Udgivne med oplysende anmærkninger af Chr. Bruun. Bd.3
Kbh.: Samfundet til den danske litteraturs fremme. 1871.   441 s.
Flere udgaver.
Kina: s.101-109, 191-195, 221-223, 240-242, 246-252, 252-255
Ep.214 "Om de chinesiske skuespil", Ep.234 "Om silkeavlen", Ep.246 "Om chinesernes agtelse for agerdyrkning", Ep.251 "Om det chinesiske sprog", Ep.253 "Om chinesernes religion og missionen i China", Ep.254 "Om videnskabernes tilstand i China".

Holck, Bertrand   V861
Hinsides verdenshavet. En dansk sømands erindringer fra et 25-aarigt ophold i Nordamerika, China og Sydamerika.
Kbh.: Andr. Schou. 1879.   223 s.
Kina: s.63-75
Beskrivelse af en kort karriere i kinesisk tjeneste som kanonér ved en belejring af Shanghai.

Hoppe, I.   V862
Kinesisk flod- og landliv.
Kbh.: Ernst Bojesen. 1895. 31 s.ill.
(Studentersamfundets museumsskrifter, nr.3)
Teksten bygget op omkring effekter fra Etnografisk Museum. Umiddelbare og
tilforladelige dagliglivsskildringer.

Howard, Harvey J.   V863
Ti uger blandt kinesiske røvere.
Kbh.: Aschehoug. 1928. 201 s.ill.fotos,kort
Nær beskrivelse af fangenskab mod løsepenge, i Heilungkiang 1925.

Hume, Edward H.   V864
Læge i Øst og Vest. En amerikansk læges oplevelser i Kina.
Kbh.: Akselborg. 1950. 232 s.fotos
En meneskealder som læge i Changsha. Kan absolut også læses uden at have
medicinske interesser.

Ibsen, Kai   V865
Den kinesiske tråd. En dansk familiekrønike.
Kbh.: Wøldike. 1981. 246 s.ill.
"Et interessant og spændende billede af tilværelsen for udlandsdanskere i
Kina og andre dele af Fjernøsten i perioden 1910-1946".

Jacobæus, Holger   V866
**Compendium geographicum. Præcipua geographiæ tam generalis, qvam
specialis capita exponens.**
Hafniæ: Joh. Phil. Bockenhoffer. 1693. 48 s.kort
Kina: s.35
Ti linier.

Jensen, H. Fabricius   V867
Kina kalder. Øjenlæge i Kina.
Kbh.: Schultz. 1949. 142 s.fotos
Udsendt af UNRRA 1946-48. Faktuelle beskrivelser af hospitaler og
sundhedsforhold i Shanghai, Nanking, Wuhu, Hwayin og Canton.
Overfladiske iagttagelser iøvrigt.

Jensen, Johs. V.   V868
   Aarbog 1917.
   Kbh.: Gyldendal. 1917.   322 s.ill.fotos
   Kina: s.1-95, 310-322
"Kvinden i Kina" og "Asiater og europæere". Usædvanligt spændende
gennemgang af kinesiske fysiognomier og tanker derved. En mængde
portrætter. Desuden en tynd artikel om situationen i Kina 1916-1917.

Jensen, Johs. V.   V869
   Introduktion til vor tidsalder.
   Kbh.: Gyldedal. 1915.   332 s.
   2.opl. 1916.   332 s.
   3.ændrede udg. 1929.   360 s.
   Kina: passim
På sin storladne facon behandler forfatteren adskillige kinesiske emner.

Jessen, Einar V.   V870
   **Det var dengang man ... Einar V. Jessens oplevelser 1880-1923. Redigeret
   af Hjalmar Jessen.**
   Kbh.: Wøldike. 1987.   191 s.fotos
   Kina: s.52-134 og passim
Interessant og velskrevet beretning om Jessens oplevelser som ansat i Store
Nordiske Telegrafselskab i begyndelsen af århundredet.

Jessen, Franz v.   V871
   Begivenheder jeg oplevede.
   Kbh.: Gyldendal. 1907.   227 s.
   Kina: s.59-186
God klassisk krigsreportage. Blodfyldt og smertefyldt. Fra den
Russisk-Japanske krig efteråret 1904.

Jessen, Franz v.   V872
   Egne, jeg saa.
   Kbh.: Gyldendal. 1906.   218 s.
   Kina: s.177-296
Levende farvemættet skildring fra 1904 af Mukden og det omliggende
agerland.

Jonge, Michael   V873
  Baron Ludvig Holbergs geographie eller jordbeskrivelse.
  Kbh.: J. R. Thiele. 1791.   1144 s.kort
  Kina: Bd.7 s.709-724, 726-728
En nøgtern gennemgang med de faktuelle oplysninger som tiden kunne
fremskaffe. Også om Tibet og Formosa.

Jonge, Michael   V874
  Synopsis Geographiae Universalis.
  Havniae: Fr. Chr. Pelt. 1758.   144 s.kort
  Kina: s.122-123
Korte præcise oplysninger.

Jün-nan   V875
  Jün-nan.
  (I ledige timer, Bd.8, 1876, s.332-352)
Grundig beretning om den aktuelle viden vedrørende provinsen, såvel
geografisk som historisk. Med mange referencer til Marco Polo og senere
rejsende. Desuden udførlig beskrivelse af mineralske forekomster.

Kaarsberg, Rolf.   V876
  Blandt kinesere og malayer.
  Kbh.: Pio. 1922.   134 s.fotos
  Kina: s.7-53
En ensom ung danskers liv i Shanghai under første Verdenskrig. Udflugt til
Chinkiang.

Kamp, A.   V877
  De rejste ud og gjorde Danmark større.
  Kbh.: Munksgaard. 1943.   274 s.
  Kina: passim
Vigtigt oversigtsværk om de forskellige danske i Kina.

Kamp, A. og A. J. Poulsen   V878
  Danske i udlandet. Red. af -.
  Kbh.: Rasmus Naver. 1935.   518 s.
  Kina: passim
Adresseliste, stillingsliste og mange biografier. Værdifuld opslagsbog.

Karlgren, Bernhard V879

Kinesisk begynderbog.

Kbh.: Rosenkilde og Bagger. 1948. 107 s.indeks

Den nordiske grand old man med den første anvendelige sprogbog til dansk brug. Transkriptionen er Wade.

Kehler, Henning V880

Kronik og kritik.

Kbh.: Gyldendal. 1922. 224 s.

Kina: s.58-65

En lille impressionistisk perle. Mukden under japanerne.

Keng, Pulu V881

Røvere og soldater. En mandarins rejser i Kinas vilde Vesten.

Aarhus: De Unges Forlag. 1931. 160 s.

Dansk ingeniørs oplevelser som embedsmand i den kinesiske salt-administration. Meget velskrevet og spændende erindringsbog, der bærer præg, dels af forfatterens store førstehåndskendskab til Kina, dels af hans positive nuancerede syn på Kina og kineserne. Keng Pulu er det kinesiske navn for ingeniør Chr. Gimbel, gift med Aja Christmas.

Kina V882

Kina - den nationale frihedskamp!

(Tidens aktuelle spørgsmaal, Årg.2, Hefte 1, 1939, s.1-50)

Socialistiske artikler om krigen mod Japan. Tale af Georgi Dimitroff, og interview 2.7.1938 af Mao Tse-tung ved en delegation fra Den internationale Studenter-sammenslutning.

Kinesisk V883

Kinesisk lægevidenskab.

(Vor Jord, 1906-07, s.537-41,ill.)

En morsom lille opregning af sygdomme og deres helbredelse.

Kinesisk V884

Kinesisk-dansk lydsystem vedtaget af konferencen i Kina oktober 1907.

Kbh.: u.forl. 1907. 9 s.

Lydtavler med et dansk transkriptionssystem til afløsning af det engelske.

Kinesiske   V885
Den kinesiske tretegnsbog.
Kbh.: Athenæum. 1945.   62 s.ill.
Kinesiske skolebørns konfucianske ABC gennem mere end 600 år. Afrundet
indledning om Konfucius og hans værker. Yderst læseværdig bog, egnet til at
give forståelse for det klassiske Kinas moralkodeks.

Klubien, S.   V886
Kvindens stilling i det kinesiske samfund.
(Gads danske magasin, Årg.27, 1933, s.472-480)
Letlæst og oversigtlig gennemgang. Antyder nye brydninger.

Klubien, S.   V887
Lidt om kinesisk teater.
(Gads danske magasin, Årg.27, 1933, s.604-608)
Den totale fremmedgjorthed. Men netop derfor en interessant beskrivelse.

Koch, Hans   V888
**Den Østkinesiske Jernbane. Et bidrag til forklaring af den rådende strid
mellem Sovjetrusland og nationalregeringen i Kina.**
(Dansk Udsyn, Årg.10, Hefte 2, 1930, s.144-153)
En meget interessant fokusering, vigtig politisk og militært.

Koch, Hans   V889
Kinas kommunister og Chiang Kai-shek.
Kbh.: Lohse. 1946.   100 s.fotos,kort,bibl.
Interessant, og for sin tid fordomsfri, gennemgang af emnet, byggende på bl.a.
Edgar Snow, Anna Louise Strong og Agnes Smedley.

Kohl, Carl   V890
Hæren i Kina.
(Militært Tidsskrift, Årg.35, 1906, s.184-86)
Modstilling af kinesernes traditionelle foragt for krigerhåndværket og den
moderne udbygning af hæren i Kina.

Kohl, Carl   V891
Rusland og Kina.
(Dansk Tidsskrift, 1901, s.71-75)
Kort og klar fremlægning af russisk indflydelse i Kina, samt Ruslands ønske
om udelukkelse af Japan fra Kina.

Kohl, Louis v.   V892
Asiatiske studier. Første samling.
Kbh.: Nordiske forfatteres forlag. 1917.   156 s.
Kina: s.5-119
Tre artikler, dels om teorier vedrørende kinesernes oprindelse, temmelig
omstændelig og diffus, - dels en kommenteret oversættelse af "Ta hio" (den
store lære), og dels en eksempelrig og instruktiv behandling af kvindernes
stilling i det gamle Kina.

Kohl, Louis v.   V893
Det sorthaarede folk. Nogle hovedlinjer af udviklingsgangen i Oldchina.
(Vor Tid, Bd.2, 1918, s.379-89,445-65)
Filosofisk og religiøs udvikling i det allerældste Kina, belagt med tekster fra
de konfucianske klassikere. Noget fortænkt.

Kohl, Louis v.   V894
Jyan Chi K'ai. Kejser og præsident.
Kbh.: Hasselbalch. 1916.   64 s.ill.fotos
Een stor lovprisning, men med interessante sideblik til fremmede staters
holdning til udviklingen efter republikkens indførelse.

Kohl, Louis v.   V895
Stor-Japan. Østasien og verdenskrisen.
Kbh.: Pio. 1915.   61 s.
Selv om Japan er i centrum udgør Kina en stor del af billedet i årtierne op mod
Første Verdenskrig.

Kohl, Louis v.   V896
Østlige problemer.
Kbh.: Eget forlag. 1919.   156 s.
Kina: s.87-109, 144-156 og passim
Med vægt på samspillet Kina-Japan skildres den politiske udvikling med et
dybt konservativt syn, der ser Kinas oldtids styreform som den ideelle.

Kohl, Louis von   V897
Den oldkinesiske stat. Dens grundlag og struktur.
Kbh.: Eget forlag. 1942.   159 s.ill.kort
Argumenterer kraftigt for indvandrerteorien. Derefter en tekstlig grundet
beskrivelse af Chou-dynastiet, hovedsagelig ud fra de konfucianske
klassikere, samt Ssu-ma Chien.

Korst, Knud   V898
Den industrielle revolution i Kina.
(Clarté, Årg.2, nr.3, 1927, s.62-65,ill.)
Om kapitalismens forbandelser.

Krarup Nielsen, Aage   V899
Dragen vaagner. Oplevelser fra en rejse gennem Kina.
Kbh.: Reitzel. 1927.   176 s.fotos,kort
Den gode journalists beretning fra brændpunkter. Samtaler med Chiang
Kai-shek, Borodin, Chang Tso-lin og Feng Yu-hsiang, samt nærvær under
felttoget mod nord. Absolut vægtige udsagn.

Krarup Nielsen, Aage   V900
Dragen vaagner. Skildringer fra Kinas kamp og kaos.
Kbh.: Reitzel. 1932.   192 s.fotos,kort
Opdatering af 1927-udgaven, men uden nærværets nerve.

Krarup Nielsen, Aage   V901
Fra Mandalay til Moskva.
Kbh.: Aschehoug. 1924.   208 s.fotos,kort
Kina: s.152-199
Levende fortalt. Gode fotos. Adskilte beretninger om et kinesisk overfald på
tog, dagligdagsskildringer fra Peking, et ophold i Harbin, samt en udflugt til
valfartsstedet Miao Feng Shan, den sidste udflugt også skildret af K. Wulff i
nr.1024.

Krarup Nielsen, Aage   V902
Gensyn med Østen.
Kbh.: Nordisk. 1947.   160 s.ill.
2.udg. 1948.   160 s.ill.
Kina: s.110-160
2.udg. s.106-160
Efterkrigstidens kaos i Shanghai, UNRRAs spildte midler, det fjendtlige
Formosa, samt indtryk fra Hong Kong og Canton. Alt set med gensynets
sammenlignen.

Krebs, C.   V903

En dansker i Mongoliet. Den vide Verden og den grønne skov.
Kbh.: Berlingske. 1937.   192 s.fotos
Krebs oplevede den russiske revolution inde fra og bosatte sig senere en
årrække i Mongoliet, sammen med bl.a. H. Haslund-Christensen, i et forsøg på
at lave et dansk landbrug der. Bogen er yderst velskrevet og tætpakket med
interessante oplevelser og observationer. Ekspeditionen var tydeligt et
forbillede for Gredsteds børnebøger "Boden betales" og "Løftet som bandt".

Krigen   V904

**Krigen i Østen. En illustreret beretning om den Russisk-Japanske krig i
1904.**
Kbh.: Lehmann & Stage. 1904-1905.   432 s.ill.fotos,kort
Spændende tegninger og utallige fotografier. Kina naturligvis i baggrunden.
Regulær traditionel krigsreportage fra tiden.

Kristensen, Frode   V905

Den ny verden. En verdenspolitisk oversigt.
Kbh.: Fremad. 1946.   224 s.fotos,kort
Kina: s.167-180
En klar og oversigtlig beskrivelse af situationen, dens baggrund og dens
muligheder.

Krogsgaard, A. M. R.   V906

Geografisk billed-atlas for skole og hjem. Asien 2.
Kbh.: Gyldendal. 1903.   16 s.ill.fotos
Kina: s.1-6, 14
Fotografier og stik.

Krogsgaard, A. M. R.   V907

Jorden rundt i tekst og billeder. Bd.3: Asien.
Kbh.: Danmark. 1926.   237 s.ill.fotos,kort
Kina: s.175-206
Som tidligere skolebøger i geografi.

Larsen, Kay   V908

Den danske kinafart.
Kbh.: Gad. 1932.   104 s.ill.fotos,kort,bibl.
Autoritativ behandling af dansk handels- og skibsfartshistories omfattende
Kinaaktiviteter, fra 1600-tallet til slutningen af 1800-tallet.

Larsen, Thøger, H. Sønderup og Axel Løngreen V909

Geografisk ordbog med kort over krigsskuepladsen i Østasien.
Lemvig: Christian Sønderby. 1904. 31 s.kort
Værdiløs, fejlspækket og fordomsfyldt.

Lattimore, Owen V910

Kolossen Asien.
Kbh.: Gyldendal. 1947. 135 s.indeks
Lattimore var én af de største kendere af mongolsk og centralasiatisk historie
og denne bog bygger på en række forelæsninger fra 1944. På trods af en
udpræget pro Chiang Kai-shek holdning (han var politisk rådgiver for
Chiang) er hans analyser og synspunkter meget spændende og bygger på et
solidt fundament af viden.

Lattimore, Owen og Eleanor Lattimore V911

Det moderne Kinas tilblivelse.
Kbh.: Gyldendal. 1947. 155 s.kort,indeks
(Gyldendals politiske haandbøger)
Værket bygger hovedsagelig på Lattimores "Inner Asian Frontiers of China"
fra 1940. Det er en meget kortfattet, men sober og interessant gennemgang af
kinesisk historie og kultur, der dog er præget af at være skrevet umiddelbart
før Chiang Kai-shek's sammenbrud i 1949.

Leth, André V912

Kinesisk keramik i oversigt.
Kbh.: Thaning & Appel. 1945. 96 s.ill.fotos,bibl.
Kbh.: Thaning & Appel. 1961. 96 s.ill.fotos,bibl.
Oversigtlig, kompetent og appetitvækkende gennemgang af keramikkens
historie i Kina. 1961-udgaven kun med titlen "Kinesisk keramik", og med
forkortet tekst, samt mange nye illustrationer.

Leutemann, H. V913

**Billeder af folkeslag fra fremmede verdensdele. Med forklarende text for
ungdommen.**
Kbh.: N. C. Rom. 1889. 56 s.ill.
Kina: s.46-51
Med støtte af eet billede beskrives Kina bredt. Næsten uden fordomme og
fordrejelser.

Lidt V914

Lidt om te.
(Vor Jord, 1906-07, s.794-796)
Små kuriositeter omkring the.

Lilius, Aleko V915
Blandt kinesiske sørøvere.
Kbh.: Reitzel. 1933.   192 s.fotos
Farefyldt beskrivelse fra området ved Hong Kong og Macao. I sagens natur
med mange løse ender, og på overfladen.

Lin Yutang V916
Mit land og mit folk.
Kbh.: Gyldendal. 1938.   332 s.
Omspænder alle emner. Skønt tidsmærket så stadig en vældig god bog at få
forstand af. Og så ægger den tilmed til selvstændig tænkning.

Linck, Olaf V917
Chancen derude - ! Udvandrerens bog.
Kbh.: Gyldendal. 1924.   199 s.fotos
Kina: s.62-78
Breve om hjemmet i Hong Kong. Tætte familieskildringer.

Linck, Olaf V918
En dansker i Østen. Laurits Andersens livs eventyr.
Kbh.: Nordisk. 1927.   121 s.ill.fotos
Kina som kulisse bag cigaretkongens oplevelser og uforbeholdne meninger.

Lindholm, K. H. v. V919
I kinesisk tjeneste.
Kbh.: Nyt Nordisk. 1930.   317 s.ill.kort
En lang bog i en god kortfattet stil. Et yderst interessant billede af næsten
fyrre års tjeneste ved det kinesiske toldvæsen, hovedsagelig ved den
koreanske grænse, men også i det sydligere Kina. En konservativ sympatisk
holdning til kineserne. Med markante synspunkter på russere, japanere og især
koreanere.

Loviot, Fanny V920
De chinesiske sørøvere. Mit fangenskab i farvandene ved China.
Kbh.: Jul. Hoffensberg. 1859.   118 s.
Kina: s.32-114
Denne beretning fra 1854 viser virkeligheden, som ikke ligger langt fra de
mange romaner om samme emne.

Lund, Michael Caspar   V921
Om Verden og de siunlige tings betragtning i Verden.
Kbh.: Privattryk. 1718.   480 s.
Kina: s.326-333
Detaljeret lovprisende om geografi, religion, natur med videre.

Magnussen, Johannes   V922
Fra Shanghai til Europa.
(Tilskueren, Årg.6, 1889, s.336-349)
Erindringer fra 1874, udspillet i Shanghai og Hong Kong. Forfatteren har ikke
meget godt at sige om kineserne.

Mantzius, Karl   V923
Skuespilkunstens historie. Bd.1: Oldtidens skuespilkunst.
Kbh.: Gyldendal. 1897.   259 s.ill.indeks,bibl.
Kina: s.30-51
En oversigtlig og uhildet gennemgang af kinesisk teater. Den tager det kuriøse
slør bort, som normalt spredes af den uklart seende rejsende, der overværer
teateropførelser i Kina.

Marcus, Aage   V924
Billedkunsten.
Kbh.: Gyldendal. 1942.   558 s.ill.indeks
Kina: s.131-152
Entusiastisk indføring med vægt på Tang og Sung.

Marcus, Aage   V925
Den blå drage. Livskunst og billedkunst i det gamle Kina.
Kbh.: Gyldendal. 1941.   199 s.ill.fotos,bibl.
Flere senere oplag og udgaver.
Grundig og kærlig indførelse i zenbuddhismen, således som den kom til udtryk
under Sung, og især hos Chuang Tse og Lie Tse, samt hos landskabsmaleren
Mu Ch'i. Mange oversættelser og mange fotografiske gengivelser.

Martinius, Martin   V926
**Een liden og kort dog gruelig historie om de sidste kriger, som af den
tartariske nation er ført imod sinenserne, ... paa det danske sprog oversat
af Søfren Ludvigsøn Lem, Berga-Norwego.**
Kbh.: Christian Gertzen. 1706.   142 s.
Lidt af en bedrift så hurtigt at få oversat og udgivet dette vigtige værk om
Manchudynastiets opståen og erobring af Kina 1644.

Matthison-Hansen, Aage V927
Tegnkonstruktionen i det kinesiske sprog.
(Tilskueren, 1904, s.895-909,ill.)
Med vægten lagt på de billedbærende og betydningskomponerede tegn.

Mengel, Ejner V928
Kina, fremtidens land.
(Gads danske magasin, Årg.15, 1921, s.308-319, 397-404, 475-480, 541-544, 593-608)
Med baggrund i tyve års arbejde i Kina giver forfatteren en fin oversigt over Kinas nyere historie, med god vægt på republikkens første ti år, både politisk og handelsmæssigt.

Menneskeslægtens V929
Menneskeslægtens almindelige caracteristik, eller beskrivelse over alle bekjendte folkeslags caracteer, religion og sæder.
(Tillæg til Archiv for de nyeste og mærkværdigste rejsebeskrivelser, Bd.2-3, 1802, 714,682 s.)
Kina: Bd.2 s.548-589, Bd.3 passim
Absolut interessante udtryk for tidligere formskabere af Kinabilledet.

Moltke, Kai V930
Kina. Historisk oversigt. Mao Tse-tung: Situationen i Kina.
Kbh.: Tiden. 1948. 40 s.fotos,kort
Den historiske oversigt er især en sønderlemmende kritik af Kuomintang, navnlig i dets forhold til kommunisterne. Mao Tse-tung's tale er en "Redegørelse på centralkomitémødet i Kinas kommunistiske parti den 25. december 1947".

Mouritsen, S. N. V931
Geografisk læsning for skole og hjem. Bd.2: Asien.
Kbh.: Gyldendal. 1896. 238 s.
Kbh.: N. C. Rom. 1909. 238 s.
Kina: s.56-97
Kulturgeografisk funderet, med mange gode citater fra førstehåndsbeskrivelser. 1909-udgaven udgivet som tekst til "Geografiske billeder" af N. C. Rom, jvf. nr.978.

Muckadell, Cai Schaffalitzky de V932
Det vaagnende Kina.
(Frem, 1927, C, Bd.1, Del 1, s.337-347,fotos,kort)
Lille opsummering af krigsherrernes periode.

Münter, B.   V933

Krigen mellem Japan og Rusland. 2 bd.
Kbh.: Gyldendal. 1904-1905.   468,174,116 s.ill.fotos,kort
En hæftevis udsendt krigsreportage, stopfyldt med detaljer. Kina er
skuepladsen, men står i baggrunden for skildringen. Som bilag til værket er
udgivet "Krigen i telegrammer".

Münter, Balthasar   V934

Nogle erindringer. 2 Bd.
Kbh.: Gyldendal. 1915.   224,209 s.fotos,indeks
Fotografisk optryk Kbh.: Aug. Bang. 1969-70.
(Memoirer og breve, Bd.24, udgivet af Julius Clausen og P. Fr. Rist)
Kina: Bd.1 s.152-166, Bd.2 passim
Münter (1837-1932) var efter en karrière som dansk søofficer ansat fra 1887 til
1898 ved det engelske rustningsfirma Armstrong som repræsentant i bl.a. Kina
og Japan, hvor han kom i kontakt med mange af tidens indflydelsesrige
personer. Erindringerne er ifølge forfatteren en redigeret udgave af et større
materiale, idet bl.a. "forhold, jeg ikke ønsker at lægge aaben i dag", er
udeladt. Værket er interessant og velskrevet, komprimeret, og meget person-
og begivenhedsfikseret. En uredigeret udgave kunne være af endog meget stor
interesse.

Møller, Erik   V935

Nationernes historie. En verdenhistorie fra Oldtiden til nu. Bd.5:
Østeuropa - Asien - Amerika - Australien.
Kbh.: Hassing. 1937.   487 s.ill.fotos
Kina: s.153-204, 218-222
Traditionel fremstilling ved kapaciteterne H. A. Giles og Kenneth Saunders.
Med dramatiske illustrationer.

Møller, Niels   V936

Verdens litteraturen.
Kbh.: Nordisk. 1928.   678 s.ill.
Kina: s.9-31
Letlæst skildring med den brede pensel.

Nansen, Hans

V937

Compendium cosmographicum. Det er: Et kort beskriffuelse offuer den gandske Verden.
Kbh. 1633 og 1635. 246 s.
Kbh. 1638 og 1646. 495 s.
Kina: 1633, 1635 s.136-137
1638, 1646 s.184-186

Minimal omtale af "det rigeste land udi all Verden" og "den mæctigste konge under solen".

Nieuwenhuis, P. N.

V938

Den russiske hærs ledelse under krigen 1904-1905.
Kbh.: Christian F. Rømer. 1912. 195 s.kort

En detaljeproppet militærhistorie hvori overhovedet ikke nævnes kinesiske mennesker, synspunkter eller forhold iøvrigt. Men de geografiske lokaliteter er til overflod kinesiske.

Nyere

V939

Nyere kostundersøgelser i U.S.A., England og China.
(Beretning fra M. Hindhedes kontor for ernæringsundersøgelser, nr.39, 1939, 35 s.)
Kina: s.14-27

Vegetarisk argumentation. Mange interessante tal.

Næste

V940

Den næste Verdenskrig. En neutral diplomats forudsigelser.
Kbh.: Nyt Nordisk. 1917. 84 s.
Kina: s.64-74 og passim

Optrevling af japanske intentioner om verdensherredømme.

Nørlyng, Thorvald og Jørgen J. Jørgensen

V941

Læsning til geografitimen. Bd.7: Asien.
Kbh.: Gyldendal. 1920. 96 s.
Mange senere udgaver.
Kina: s.54-72

Olrik, Minni

V942

Dansk litteratur om Kina. I udvalg.
Kbh.: Dansk-Kinesisk Forening. 1948. 11 s.
(Dansk-Kinesisk Forening, nr.1)

Over hundrede titler, enkelte kort annoteret.

Olsen, Aksel   V943
   Op ad Kinas blå flod på plantejagt. Blandt østasiatiske plantemiljøer
   med Aksel Olsen som guide.
   Aabyhøj: De Samvirkende Danske Haveselskaber. 1976.
   64 s.ill.kort,indeks
   (Haven, 1933-34. Optryk 1976 med et planteregister som tillæg)
En fingeret rejseberetning til Szechuan og randen af Tibet, som påskud til at
præsentere den lokale planteverden i dens oprindelige omgivelser for læseren,
og for at vække interesse for netop disse planter.

Olsen, Ivan Munk   V944
   Jade.
   (Skønvirke, Årg.9, 1923, s.113-120,fotos)
Oversigtlig artikel om former, fundsteder, samlinger og den omgivende
kulturhistorie.

Olsen, Ivan Munk   V945
   Kinesiske arbejder i bjergkrystal.
   (Skønvirke, Årg.10, 1924, s.61-63,foto)
Omtale af Emil Glückstadts samling af bjergkrystal.

Ossendowski, Ferdinand   V946
   Fra præsident til fange.
   Kbh.: Pio. 1926. 250 s.
Forfatterens virksomhed under den Russisk-Japanske krig, - de urolige
revolutionstider, hans fald fra præsident over Fjernøsten, til et to-årigt
ophold i fængsel i Harbin.

Ossendowski, Ferdinand   V947
   Vilddyr, mennesker og guder.
   Kbh.: Pio. 1924. 221 s.
   Kina: s.66-73 og passim
På flugt gennem Mongoliet og Kansu, 1920-21. Usandsynlige hændelser.

Petersen, Carl   V948
   Porcelæn.
   (Kunstbladet, Oktober 1909, s.234-243,fotos)
Sammenligning mellem kinesisk og samtidig dansk porcelæn.

Petersen, Kaj   V949
  Kinesisk hjemliv. Et foredrag.
  Kbh.: Privattryk. 1937. 16 s.
Gennem citater fra kinesisk litteratur belyses forholdet mellem de mennesker,
der er knyttet sammen i hjemmet.

Petersen, Sophie   V950
  Danmark i det fjerne. Danske virksomheder i udlandet.
  Kbh.: Martin. 1936.   125 s.ill.fotos,bibl.
  Kina: s.40-49 og passim
Store Nordiske Telegrafkompagni, og en anelse om missionen.

Petersen, Wilhelm   V951
  Jorden rundt i billeder og tekst. Bd.2: Asien, Oceanien, Arktis og
  Nordamerika, Sydamerika og Antarktis.
  Kbh.: Politiken. 1938.   408 s.ill.fotos,kort,indeks
  Kina: s.72-74, 136-161
Ren billedkavalkade med korte manchetter.

Pflug, Henrich Ovesen   V952
  Den danske pillegrim, eller en almindelig geografisk og derhos kort
  historisk beskrivelse over den heele bekiendte Werden.
  Kbh.: u.forl. 1707. 1292 s.

Pin Yin   V953
  Kineserpigens optegnelser fra revolutionen.
  2.udg. Kbh.: Frem. 1932. 70 s.
Dagbogsoptegnelser og breve fra Hunan 1927. Intense, revolutionære og ærligt
naive. Norsk tekst. Første udgave udgivet i Norge.

Politik   V954
  Politik, økonomi og samfundsforhold. Seks radioforedrag.
  Kbh.: Forlaget for radioforedrag. 1937. 96 s.
  Kina: s.43-58
Om telegrafkabler, bl.a. til Kina, ved E. Hansen-Stavnsbjerg.

Prip-Møller, Antonette   V955
  Gamle kinesiske korssting. Old Chinese Cross-stitch Patterns.
  Kbh.: Høst. 1962. 42 s.ill.fotos, 31 tvl.
Kort indledning. Oversigt over symboler. 31 tavler med mønstre.

Prip-Møller, Antonette   V956
Gamle kinesiske korsstingsmønstre.
Kbh.: Schønberg. 1934. 2 s., 8 tvl.
Kort symbolbeskrivelse, samt otte mønstre.

Prip-Møller, J.   V957
Et hus med fire lejligheder i Moukden.
(Architekten, Ugehæfte, Årg.29, 1927, nr.5, s.19,ill.foto)
Beskrivelse af indretningen af et nyt hus til udlejning.

Prip-Møller, J.   V958
Hvor Kinas lukkede dør stod på klem.
Kbh.: Munksgaard. 1942. 4 s.bibl.
(Ledetraad ved folkelig universitetsundervisning, nr.131)
Ekstremt kort rids af Kinas forbindelser med andre lande.

Prip-Møller, J.   V959
Kina før og nu.
Kbh.: Gad. 1944.   183 s.ill.fotos,kort
Posthumt optryk af artikler og foredrag, med vægt på arkitektur og
buddhisme.

Prip-Møller, J.   V960
Kinas bygningskunst. Udviklingslinien i den historiske tid.
(Arkitekten, Årg.39, 1937, s.41-68,ill.fotos,kort)
Detaljeret historisk gennemgang af især tagkonstruktioner og grundplaner.

Prip-Møller, J.   V961
The Hall of Lin Lu Ssu. Nanking.
(Artes. Monuments et Mémoires, Tom.3, 1935, s.167-211,ill.)
Beskrivelse og opmåling fra 1929, samt rids af klosterhallens historie.

Profanation   V962
Profanation og hærværk.
(Tilskueren, Marts 1930, s.197-198,fotos)
Om gravrøverier i Tatung-Fu og i kejsergravene ved Peking.

Rasch, Aa. og P. P. Sveistrup   V963
Asiatisk Kompagni i den florissante periode, 1772-1792.
Kbh.: Institutet for Historie og Samfundsøkonomi. 1948.
347 s.ill.kort,indeks
Arkivalsk funderet historisk studie, hvori Kina spiller en mindre men dog
markant rolle. Grundige tavler og tabeller.

Rasmussen, Carl   V964
Sun Yat Sen. En nutidens reformator.
(Dansk Udsyn, Årg.10, Hefte 2, 1930, s.130-143,foto,bibl.)
Let lovprisende men oversigtlig artikel.

Rasmussen, Steen Eiler   V965
Billedbog fra en Kinarejse.
Kbh.: Bianco Luno. 1935.   119 s.ill.
En rejse 1923 med pennetegninger og akvareller af forfatteren. Bogen er en
æstetisk nydelse såvel i sin fysiske form som i de lette præcise beskrivelser og
refleksioner under besøg i Hong Kong, Shanghai, Soochow, og især i Peking.

Rasmussen, Steen Eiler   V966
Byer og bygninger. Skildret i tegninger og ord.
Kbh.: Fremad. 1949.   204 s.ill.
Kina: s.1-7
Peking skildret som et tempel. Spændende synsvinkler på lidt plads. Smukke
spinkle tegninger.

Rasmussen, Vilhelm   V967
Kina, eller "Riget i Midten".
Kbh.: Gyldendal. 1923.   150 s.ill.fotos,bibl.
Kort og grundig behandling af alle emner. Kædet sammen af læselette
kommentarer og sammenligninger med Vesten. Udmærket billedmateriale.

Rasmussen, Vilhelm   V968
Kinas naturforhold og befolkning.
Kbh.: Universitetsudvalget. 1905.   12 s.bibl.
(Grundrids ved folkelig universitetsundervisning, nr.97)
Faktuelle oplysninger med korte stikord til diskussion.

Rechnitzer, H.   V969
Søkrigsoperationerne i Den Russisk-Japanesiske Krig 1904-1905.
Kbh.: Marineministeriet. 1909.   148 s.kort,bibl.
Detaljerig behandling af både materiel, sejlads og kamphandlinger.

Reiersen, J. R. V970

Fuldstændigt billed-galleri over alle nationer i afbildninger med udførlig beskrivelse, udarbeidet efter de bedste og nyeste engelske, franske og tyske ethnografiske verker. Bd.1
Kbh.: C. Steen. 1834.   352 s.ill.
Kina: s.216-251

En noget bedrevidende fremstilling, men den når rundt til alle væsentligere historiske og samtidige emner.

Reventlow, Chr. V971

Asiatiske tider og mænd.
Kbh.: Reitzel. 1932.   240 s.
Kina: s.95-134

En refererende artikel om Li Hung-chang, og en reflekterende om konfucianismens betydning i Kinas historie.

Reynolds, Quentin V972

Kina Smith.
Kbh.: Aller. 1946.   214 s.

Forfatteren er en meget kendt krigskorrespondent. Hovedpersonen i bogen, C. D. Smith, var ansat som lods i Shanghai, og bogen handler, ud over en række interessante biografiske tilbageblik, hovedsageligt om Smiths flugt fra japansk fangenskab fra Shanghai til Kunming. Meget velskrevet og letlæst.

Ricard, Anette V973

Mist on the Window Panes.
Kbh.: u.forl. 1959.   182 s.
London: Hutchinson. 1961.   174 s.

Indfølte og velskrevne erindringer fra en dansk families liv i Kina i første trediedel af dette århundrede. Første udgave er udgivet privat.

Riedel, Kai V974

Kung-fu-tse og Kina.
(Frem, 1928, D, Bd.2, Del 1, s.306-312,ill.fotos)
Afrundet lille gennemgang.

Rimestad, C. V. V975

**Marco Polos beskrivelse af det østlige kinesiske højland, forklaret.
Program.**
Kbh.: i.i.b. 1841.

Rimestad, C. V.   V976

Pekings erobring, og Den nordamerikanske unions ophævelse. To
verdensbegivenheder, populært fremstillede.
Kbh.: Wøldike. 1862.   176 s.
Kina: s.1-61
En næsten samtidig beskrivelse af opiumskrigene. Med forhistorie og
baggrund.

Rolfsen, Nordahl   V977

Lys over land. Videnskab for alle. I fortællinger og skildringer. Lande og
folk. Geografien i skildringer og livsbilleder. Bd.2. Hovedred. -.
Kbh.: Gyldendal. 1911.   820 s.ill.fotos,kort
Kina: s.56-134
Udførlig beskrivelse af tedyrkning og teforarbejdning, samt om
samfærdselsmidler. Desuden et let tilrettet optryk fra Franz v. Jessen: "Egne,
jeg saa".

Rom, N. C.   V978

Geografiske billeder.
2.udg. Kbh.: N. C. Rom. 1906.   448 s.ill.fotos
Kina: s.5, 9-13
Tretten stik.

Rosen, Erik   V979

Dansk kirurg i Kina.
Kbh.: Rosenkilde og Bagger. 1949.   109 s.fotos
Hospitalsoplevelser fra et arbejde for UNRRA i Kiangsu 1946-1947.

Rosenberg, Holger   V980

Det ny Kina.
Kbh.: Folkeuniversitetsudvalget. 1926.   16 s.bibl.
(Grundrids ved folkelig universitetsundervisning, nr.343)
Mandarinvælde lægges til grund for revolutionen, og Nord-Syd spændingen til
grund for borgerkrigen. Optimistisk med hensyn til fremtiden.

Rosenberg, Holger   V981

Det ny Sibirien. En skildring af det omkring den sibiriske jærnbane
opblomstrende fremtidsland, samt af en rejse i Mantshuriet.
Odense: Milo. 1904.   383 s.fotos,kort,indeks
Kina: s.332-377
Sympatiserende beskrivelse af russernes udvikling af Manchuriet.

Rosenberg, Holger V982
Kina før og efter omvæltningen 1911-12.
Kbh.: Universitetsudvalget. 1915.   15 s.bibl.
(Grundrids ved folkelig universitetsundervisning, nr.245)
Et rids malet fra det mørkeste, forvandlet til lyse forhåbninger, set ud fra
Kinas potentiale.

Rosenkjær, Jens V983
Af Østens problemer.
Kbh.: Folkeuniversitetsudvalget. 1927.   15 s.bibl.
(Grundrids ved folkelig universitetsundervisning, nr.357)
Skolebogsagtig ophobning af historiske og samtidige facts.

Rosenkjær, Jens V984
Den kinesiske landsby.
(Dansk Udsyn, Årg.9, Hefte 4, 1929, s.345-360)
Dansk udsyn og menneskelig indsigt løfter den lille artikel over
gennemsnittet.

Rubin, Marcus V985
Om hungersnøden i Kina og den kinesiske indvandring til Amerika.
(Nationaløkonomisk Tidsskrift, Bd.12, Hefte 2-3, 1878, s.155-171)
Gengivelse og let kritik af amerikansk artikel byggende på en forgrovet
raceteori.

Rønberg, (Lodskaptajn) V986
Episoder fra Port Arthurs belejring.
Kbh.: Gyldendal. 1906.   164 s.fotos,kort
Rønberg var ansat som lodskaptajn i Port Arthur under den Russisk-Japanske
krig. Beretningen er om forfatterens oplevelser i forbindelse med blokadebrud
fra april til november 1904. Skrevet med bistand af Johannes Hoeck. Stærkt
antijapansk/antiasiatisk. Rønberg boede i den danske missionsbygning
i Port Arthur.

Rørdam, V. V987
Af Kinas ældste literatur. Efter Prof. Herbert A. Giles.
(Dansk Tidsskrift, 1905, s. 845-859)
En kortfattet gennemgang af de konfucianske klassikere.

Sakurai, Tadayoshi V988
Menneskeofre. Niku-dan. En japansk officers dagbog under belejringen og stormen paa Port Arthur.
Kbh.: Pio. 1913. 207 s.kort
Et yderst værdifuldt korrektiv til den gængse beskrivelse af japanske soldater i krig.

Shanghai V989
The Shanghai Incident and Great Northern.
u.st.: u.forl. u.å. 16 s.ill.kort
Telegrafselskabets forholdsregler omkring det japanske angreb på Shanghai 1932.

Shü, P. C. V990
Det unge Kina.
Kbh.: Studentersamfundets Oplysningsforening. 1926. 63 s.
(Kultur og Videnskab, nr.22)
Selvbevidst tilbageholdenhed der ser fremtiden for Kina i undervisning og i at følge Sun Yat-Sen.

Sirén, Osvald V991
Billeder fra Kina.
Kbh.: Gyldendal. 1937. 80,128 s.ill.fotos,kort
Kina set gennem landskab, arkitektur og skulptur. Instruktive fotos med autoritativ tekst.

Skonning, Hans Hanssøn V992
Geographia historica orientalis. Det er atskillige østerske landis oc øers met dess folckis beskriffvelse...
Af betrode oc fornemme geographicis autoribus med flid tilhobe samlit, oc i dansken publicerit ved -.
Aarhus: Eget forlag. 1641. 790 s.
Kina: s.467-489
Den første egentlige beskrivelse af Kina på dansk. Bygger blandt andet på Marco Polo. Med undtagelse af religionen, er det en venlig interesseret fremlægning af kinesiske samfundsforhold.

Skrift V993
Skrift og sprog i Kina.
(Frem, 1925, A, Bd.1, Del 1, s.346-351,ill.fotos)
Det mest elementære. Fornuftigt fremlagt.

Slomann, Vilh. V994

Kinesisk oldtidskunst.
(Tilskueren, Årg.49, 1932, Del 2, s. 225-247,fotos)
Et forsøg på at inddrage Kina i Vestens kunsthistoriske bevidsthed.

Snow, Edgar V995

Sejr og slaveri. I Indien, Burma, Kina og Sovjetunionen.
Kbh.: Gyldendal. 1945. 335 s.kort
Kina: s.212-217, 286-314 og passim
Skarp analyse af Kuomintangs stilling versus Rusland, Japan og USA, og
internt mod kommunisterne og det kinesiske folk.

Sperling, Johs. V996

Strejflys over det nye Kina.
Kbh.: Fremad. 1933. 142 s.ill.fotos,kort,indeks,bibl.
".. et beskedent forsøg paa at knytte .. sympatiens traade mellem den
socialistiske arbejder i Danmark og den trællende kuli i Kina". Letlæst, men
skæmmet af en række fejl. Med statistisk materiale.

Staden V997

Staden Nanking·i China.
(Cosmorama, 1843, s.568-573,ill.)
Illustreret med et stålstik. Kina som det eksotiske.

Stein, Gunther V998

Skæbnedage i Kina. En amerikaners oplevelser.
Kbh.: Tiden. 1946. 461 s.ill.fotos,kort,indeks
Værket skal ses i sammenhæng med andre liberale amerikaneres oplevelser i
Kina i brydningstiden fra 1935 til 1949. Forfatteren var krigskorrespondent i
Østasien fra 1934 og opholdt sig i Chungking, indtil han besøgte Yenan i
midten af 1944. Hans beretning er detaljeret, velinformeret og bygger bl.a. på
en lang række interviews.

Store Nordiske V999

**Det Store Nordiske Telegraf-selskab. Beretning om selskabets tilblivelse
og de første 25 aar af dets virksomhed. Udgivet ved foranstaltning af
selskabets bestyrelse.**
Kbh.: E. Bojesen. 1894. 282 s.ill.kort
Den velskrevne og polerede version om udviklingen i Kina. Skrevet på et
tidspunkt, hvor startvanskelighederne var overvundne, og hvor fremtiden
skulle til at begynde.

Storgaard, Einar   V1000
Kina. Land og folk.
Kbh.: Folkeuniversitetsudvalget. 1949. 16 s.bibl.
(Grundrids ved folkelig universitetsundervisning, nr.476)
Leksikalsk gennemgang. God litteraturliste.

Storgaard, Einar   V1001
Peking, Kinas gamle hovedstad.
Kbh.: Folkeuniversitetsudvalget. 1938. 4 s.bibl.
(Ledetraad ved folkelig universitetsundervisning, nr.62)
Den mest elementære oversigt over byens historie og anlæg.

Tcheng-Ki-Tong   V1002
Kina og kineserne.
Kbh.: Andr. Schou. 1886. 223 s.
Forfatteren var oberst og kinesisk militærattaché i flere europæiske
hovedstæder, bl.a. Paris. Han var blandt den første gruppe af kinesiske
studerende, der efter åbningen af Kina kom til Europa for at lære europæerne
kunsten af. Han forsøger med sin meget velskrevne og interessante bog at bygge
bro mellem to kulturer. Undervejs får man meget at vide om det kinesiske
samfund.

Thomsen, Ingrid   V1003
Kinesisk håndarbejde.
Kbh.: DMS. 1943. 29 s.ill.
Seksten kinesiske fletmønstre overført til korssting.

Thomsen, Ingrid   V1004
Kinesiske legender med silhuetter.
Skjern: i.i.b. 1943. 29 s.ill.
Ganske små legender, alle med sønlig kærlighed og ærbødighed som motiv,
illustreret af ret grove silhuetklip.

Thott-Hansen, P.   V1005
Dansk haandbog i Østens sprog.
Kbh.: Gad. 1945. 499 s.ill.indeks
Kina: s.3-32, 340-360, 441-471
Kuriøs transkription, men yderst grundig.

Tillge-Rasmussen, Sven   V1006
En tredjedel af Verden.
Kbh.: Gyldendal. 1937.   192 s.fotos,kort
Kina: s.94-192
Velskrevet, journalistisk, men alligevel ganske dybtgående, engageret og
velinformeret gennemgang af det kaotiske Østasien i slutningen af trediverne,
med historisk tilbageblik, samt betragtninger over politiske, sociale og
økonomiske udviklingstendenser. Forfatterens sympati ligger helt klart ved
Chiang Kai-shek som repræsentant for et europæiseret liberalt Kina.

Trosborg, Holger   V1007
Erindringer og fortællinger fra Store Nordiske. Red. af -.
Kbh.: Nyt Nordisk. 1919.   312 s.ill.fotos
Kina: passim
Otte jordnære, personlige og interessante glimt fra livet som telegrafansat i
Kina.

Udflugt   V1008
**En udflugt tilhest i China ved midsommerstid. Efter "Cornhill
Magazine".**
(I ledige timer, Bd.4, 1874, s.44-65)
En nøgtern skildring af en uges rejse i bjergene nær Canton i året 1861.

Udstillingen   V1009
**Udstillingen "Skatte fra det fjerne" hjembragt af Danske. Arrangeret af
Dansk Samvirke i samarbejde med Nationalmuseet. Charlottenborg
30.maj - 22.juni 1952.**
Kbh.: u.forl. 1952.   98 s.fotos
Kina: s.5-22
Interessant oversigt over, hvem der ejer hvad.

Ule, Willi   V1010
De fem verdensdele. Jorden og dens folk. Bd.4: Asien.
Kbh.: Baltisk. 1928.   308 s.ill.kort
Kina: s.96-106, 252-284 og passim
En lidenskabsløs gennemgang af Kinas geografi og befolkningsforhold.
Omfatter også Tibet.

Vahl, Martin og Gudmund Hatt   V1011
Jorden og menneskelivet. Geografisk haandbog. Bd.3
Kbh.: Schultz. 1925.   715 s.ill.kort
Kina: s.95-172
Detaljeret universalgennemgang.

Verdens   V1012
Verdens storbyer.
Kbh.: P. G. Philipsen. 1894.   592 s.ill.kort
Kina: s.301-326
Peking beskrevet af Maurice Paléologue. Noget lidenskabsløst, men med
interessante detaljer om bl.a. børnehjem, kristne kirkegårde, og henrettelser.

Verdenskrigen   V1013
Verdenskrigen i samtidige skildringer. Bd.6: Landkrigen udenfor Europa.
Af H. Jenssen-Tusch m.fl.
Kbh.: Gyldendal. 1922.   268 s.ill.fotos,kort
Kina: s.1-22
Om Tsingtao. Samtidige fotos og tegninger.

Waln, Nora   V1014
Landflygtighedens hus.
Kbh.: Branner. 1934.   272 s.
Bogens kvindelige forfatter boede som medlem af en kinesisk familie i Kina
og blev kinesisk gift. Beretningen strækker sig fra 1920 til ca.1931.
Det er et yderst interessant og velskrevet billede af livet og årets gang i en
velhavende kinesisk familie, alt sammen sat i relief af de kaotiske politiske
og økonomiske tilstande i landet i den periode.

Weale, Putnam   V1015
Åbenhjærtige breve fra Peking.
Kbh.: Gyldendal. 1910.   352 s.
2.opl. 1912.   348 s.
Den absolutte klassiker om Bokseropstanden i 1900 og belejringen af
legationskvarteret. Formet som et øjenvidnes dagbog. Æggende til spørgsmål
om autenticitet. Afdækkende uanset hvor grænsen ligger mellem fiktion og
facts.

Wells, Linton   V1016
   Maanen var blodrød... En eventyrers saga.
   Kbh.: Nyt Nordisk. 1938. 351 s.
   Kina: s.25-67, 292-299 og passim
Bramfri skildringer af en journalist i Shanghai. Fra republikkens første år,
samt fra Pu Yi's kroning.

Werner, Gotthilf   V1017
   Kiærnen af geographien. Hvori den gandske jord, efter dens
   mathematiske, naturlige og politiske inddeeling paa en overmaade læt
   og kort, dog derhos fuldstændig maade bliver beskreven...... for
   ungdommen...
   Kbh.: Fr. Chr. Pelt. 1753.   486 s.ill.kort,indeks
   Kina: s.398-403
Venlig beskrivelse med vægt på byerne. Særskilt omtale af porcelænstårnet i
Nanking.

Westergaard, Louise   V1018
   Verdensmarkedet, eller beskrivelse for børn over den store
   industriudstilling i London.
   Kbh.: Otto Schwartz. 1852.   84 s.ill.
   Kina: s.10-14
En imponerende samling fejl og fordomme på så få sider.

Willkie, Wendell L.   V1019
   Een verden.
   Randers: Niels Ebbesen. 1943. 134 s.
   Kina: s.75-107
Udgivet illegalt under besættelsen. Samtidig beskrivelse af Sinkiang, samt
Chungking. Samtaler med alle højtstående personer. Varm fortaler for Kinas
selvstændighed og ligeberettigelse internationalt.

Wolff, August   V1020
   Den kinesiske roman.
   (Det nittende aarhundrede. Maanedsskrift for literatur og kritik, 1876-77,
   s.228-253)
Med Hoa Tsien Ki og Iu-kiao-li som eksempler (jvf. nr.231 og nr.233)
analyseres kinesisk digtning. Forfatteren ser rigtignok lyst på kineserens
tilværelse, idet han trækker en lige linie fra roman til virkelighed.

Wolff, M.   V1021

Kritiske tider i Chinas historie. Revolutionen 1911-12, Dr. Sun Yat-sen.
Kbh.: Bethesda. 1913.   130 s.fotos

Beregnet som støtte til missionsstudiekredse over Kinas nyere historie.
Rosende omtale af Sun Yat-sen.

Wolseley, G. J.   V1022

Krigen i China 1860, med beskrivelse af landet og indbyggerne.
Kbh.: Pio. 1862.   248 s.

Den senere feltmarskal, general Wolseley (1833-1913), som deltog i den
engelsk-franske ekspeditionsstyrke til Kina i 1860, giver her en meget
detaljeret og velinformeret gennemgang af felttoget og de diplomatiske
forhandlinger. Med i købet et spændende billede af Kina.

Wulff, K.   V1023

Fra Nank'ou-passet og Den Store Mur.
(Geografisk tidsskrift, Bd.31, 1928, s.87-99,139-150,kort,fotos)

Beskrivelse af en udflugt til Den Store Mur. Grundigt kædet sammen med en
historisk oversigt og kunsthistorisk beskrivelse af monumenter undervejs
dertil.

Wulff, K.   V1024

Kinesisk valfart.
(Nær og fjærn, 1924, Del 2, s.457-474,fotos)

Udflugt fra Peking til Miao Feng Shan. Også beskrevet af Aage Krarup
Nielsen i nr.901.

Wulff, Kurt   V1025

Chinesisch und Thai. Sprachvergleichende Untersuchungen.
(Det Kgl. Danske Videnskabernes Selskab, Historisk-filologiske
meddelelser, Bd.20, nr.3, 1934, 260 s.)

Wulff, Kurt   V1026

"Musik" und "Freude" im Chinesischen.
(Det Kgl. Danske Videnskabernes Selskab. Historisk-filologiske
meddelelser, Bd.21, nr.2, 1935, 39 s.)

Sproghistorisk analyse af tegnet for musik og for glæde, der er de samme på
kinesisk.

Yuan-shi-kai. Diktatoren.

(Dansk Aand. Politisk, socialt og literært ugeblad, Bd.1, 1912, s.199-204)
Skrevet under pseudonymet Rxy. Forfatteren roser sig af at være ven med Yuan
Shih-kai, hvem han beskriver ukritisk rosende.

Titelregister

Titelregister

Titelregister

Titelregister

Titelregister

Titelregister

Titelregister

Titelregister

Titelregister

Titelregister

Titelregister

Titelregister

Titelregister

Titelregister

Titelregister

Titelregister

Titelregister

Titelregister

Titelregister

Titelregister

Åbenhjærtige breve fra Peking.   V1015

Navneregister

Abu Seid Hassan
R684

Amundsen, Sverre S.
V773

Andersen, H. C.
B1

Andersen, H. N.
V773, V775

Andersen, Jürgen
R743

Andersen, Knud Hee
M272

Andersen, Laurits
V918

Anker, Peter
F93

Anvill, Elis
F94-96, V776-777

Arnesen, E.
M273

Asschenfeldt-Hansen, V.
M556

Auber
F202

Baagøe, Grethe
M393

Baagøe, Povl Hedemann
M274-282, M386, M399, M422,
M555-556, M558, M569, M640-641,
V778-779

Bache, Erling
V780

Bachevold, J.
M283-284

Bahnson, Elise
M364

Bahnson, Kristian
V781

Baker, H. A.
M285

Balling, Eva
B2

Bang, Gustav
R665, V782

Bardenfleth, A.
R666

Barrow, John
R667

Baum, Vicki
F97

Bennetzen, Erik
M287

Benrimo
F151

Bergman, Sten
R668

Bergmann, Lorenz
M288

Bethges, Hans
K223

Biggers, Earl Derr
F126

Bille, Emerentze
M289

Bille, Steen
R669-672

Birkeland, K. B.
M291

Birket-Smith, Kaj
M292, V786

Bjørn, E. Th.
M293

Blauenfeldt, Johanne
M294-295

Bly, Nellie
R673

Bodley, R. V. C.
R674

Chi Chi
V799

Chi King
K225

Chiang Kai-shek
V798

Chiang, Monlin
V800

Christensen
M621

Christensen, Alfred
M313

Christensen, Anders
M314, M329

Christensen, Anna
M315

Christensen, C.
M398

Christensen, Esther
M316

Christensen, P. A.
V986

Christensen, Robert
V804

Christie, Dugald
M317

Christmas, Aja
F127-129, V881

Chuang Tse
M498, V925

Clausen, Edward
V805

Clausen, Julius
V806

Colonel
V807

Conrad, Joseph
F130

Conrad, Robert
M319

Coppock, Grace
M320

Corbin, I. A.
M321

Corsikan, E. F.
B3

Costain, Thomas B.
F131

Cronin, A. J.
F132

Cross, Thompson
B4

Crow, Carl
V808

Cumming, Paul
F133

Dalton, William
B5

Daniel-Rops
M322

David-Neel, Alexandra
R686

Davis, John Francis
V787, V809

Degerbøl, Magnus
R687

Dimitroff, Georgi
V882

Döblin, Alfred
F135

Doherty, P. J.
M329

Dreyer, W.
V810-811

du Plessis, Lilian
F136

Navneregister

Gimbel, Chr.
V881

Gleit, Maria
B15

Glückstadt, Emil
V945

Gormsen, Karen
M356, M588

Gottschalch, Helmuth
V826

Gould, Randall
V827

Gozzi, Carlo
F145-146

Gredsted, Torry
B16-17, V903

Green, C. H. S.
M517

Grove, G. L.
R771

Grove-Rasmussen, A. C. L.
M357-360, V828

Grove-Rasmussen, V.
M361

Grubb, Norman P.
M362

Grünbaum, I.
V829

Grut, Edmund
V830

Græsholt, Thorkild
M363

Gullach-Jensen, Thyra
M365

Gundert
M366

Güntelberg, Carl Fred.
F202

Gunther, John
V831

Gützlaff, Carl
M429, M628

Gynt, Olaf
F147-149

Gøtzsche, Ellen
M367

Haarup, Jens
V832

Hallar, Søren
R690

Han Suyin
F150

Hannover, Emil
V833-834

Hansen, A. C. V.
V835

Hansen, Alfred
M555-556, M570, M647

Hansen, C. Asschenfeldt
M341

Hansen, Chr.
M368

Hansen, Erik
B18-20

Hansen, H. P.
M369

Hansen, Oscar
M370-371

Hansen-Stavnsbjerg, E.
V954

Hanøl, Valdemar
B21

Harnett, Kathleen
M372

Haslund-Christensen
R691-693, V903

- 215 -

Hasselmann, K. F.
K229

Hatt, Gudmund
V836-838, V1011

Hauch, Agnes Eleonore
M393

Haugsted, Ejler
M373

Hauser, Ernest O.
V839

Hazelton, Georges
F151

Hedin, Sven
R693-697, R722, R752, V840-841

Heiberg, P. A.
F152

Heiberg, Valdemar
V842

Heiser, Victor
V843

Hellssen, Henry
R698

Hellwald, Friedrich v.
V844

Henningsen, J.
K230, V845-853

Henningsen, Sven
V854-855

Henriksen, Aage
V856

Hensel, Ada
B22

Hermann, Aage
B6, B23-25, B81

Hertz, Dagmar
M375

Hesse, J.
M376

Heyking, E. v.
F99, F134, F153

Hill, Richard M.
F154

Hilsø, Paul
F155

Hilton, James
F156

Hindhede, M.
V801-802, V857, V939

Hino Ashihei
V858

Hjeresen, Axel
M377-379

Hoa Tsien Ki
K239, V1020

Hobart, Alice Tisdale
F157-160

Hobe, Johanne A.
R699

Hoeck, Johannes
F161-164, V859, V986

Hoff, Malte Christian
K222

Holberg, Ludvig
V860

Holck, Bertrand
V861

Holm, Axel
B26-28

Holm, Frits
M380

Holm, Mary
M381

Holm, Merry
M381-383

Holstein, Aa. v.
M384

Holt, Axel
M385, M392

Holt, Paul
M386

Hope, Ludvig
M387

Hoppe, I.
V862

Horsburgh, J. Heywood
M388

Hoskiær, V.
R700

Houckgeest, Ev. van Braam
R701

Howard, Harvey J.
V863

Howard, Winifred
B29

Hsi, Pastor
M436

Hsiao Ch'ien
K227

Huc, Pater
M369

Huineng
M587

Huld, Palle
B30

Hume, Edward H.
V864

Hunter, George
M595

Hutten, Baronesse von
F165

Huusmann, J. H.
R702

Hæstrup, Jørgen
K229

Høgsgaard, Oline
M390

Høyer, Kr.
M391

Ibsen, Kai
V865

Illion, Theodore
M401, R703

Irgens-Bergh, Alfred von
R704

Ishøy, C. K.
M403, M430

Iu-kiao-li
V1020

Iversen, Volquard
R743

Ivoi, Poul d'
F125

Jacobsen, Lis
F166-167

Jacobsen, O. Thune
M404

Jacobsen, Viggo E.
B31-33

Jacobæus, Holger
V866

Jensen, Axel
M405

Jensen, Emil
M588

Jensen, Erik Flensted
R705

Jensen, H. Fabricius
V867

Jensen, Hermann
F168

Jensen, J. Emil
M647

Jensen, Jacob
R706

Jensen, Johannes V.
F169-173, V868-869

Jensen, Jørgen Emil
M395

Jensen, Svend Aage
M406

Jessen, Einar V.
V870

Jessen, Franz v.
V871-872, V977

John, Griffith
M492

Jonge, Michael
V873-874

Jou Shih
K227

Juel, Erik
B34

Juhl, Hans Oluf
M407-408, M556

Jungersen, Kay
R707

Jungsbøll, Edgar
B35

Jørgensen, Harald F.
M409-411

Jørgensen, Jørgen J.
V941

Kaarsberg, Rolf
V876

Kalkar, Chr. H.
M412-416, M429

Kamp, A.
V877-878

Kampp, R.
R708

Kang Yu-wei
K254

Karlgren, Bernhard
M445, M529, V821, V879

Katz, Richard
R709

Kehler, Henning
V880

Kellogg, S. H.
M419

Kelsey, K.
M420

Keng, Pulu
V881

Key, Charles E.
R710

Keyte, J. C.
F174

Kierkegaard, Harald
F175

Kiesow, Margaret
M423

Kipling, Rudyard
R711

Kjersmeier, Carl
K235-238

Klein, Johanne
R712

Klitgaard, Kaj
R713

Klubien, S.
V886-887

Klubien, S. A.
B36-43, F176

Knudsen, Sven V.
B44, M425

Kobylinski, Hanna
V829

Lattimore, Eleanor
V911
Lattimore, Owen
V910-911
Laursen, M.
R722
Lavollée
R723
le Fèvre, Georges
R724
le Sage de Fontenay, Fr.
V822
Lederer, Joe
B54, F184
Lehmann, Edv.
M445-449
Lehmann, Johannes
R725
Lehmann, Jul.
R726
Lem, Søren Ludvigsøn
V926
Lester, Max
K228
Leth, André
V912
Leturque, Henri
F185
Leutemann, H.
V913
Lewis, A. B.
M450
Lewis, E. Foreman
B55
Lewis, Ida Belle
M451
Li Hung-Chang
V971

Li Tai-pe
F180, K228, K245, K249-250,
K255, K270
Lie Tse
V925
Lieberkind, I.
B56
Lilius, Aleko
V915
Lin Jen Shuey
K244
Lin Yutang
K269, V916
Linck, Olaf
B57-58, R727, V917-918
Lindbergh, Anne Morrow
R728
Lindblom, Yngve
M453
Lindholm, K. H. v.
V919
Linklater, Eric
F186
Lobedanz, Arnold
B59-61
Lovett, Richard
M455
Loviot, Fanny
V920
Lowzow, M. A.
B62
Lu Hsün
K227
Ludvigsen, Th. E.
R729
Lund, Michael Caspar
V921
Lunt, Theodore R. W.
M591

Lykkegaard, Jens Christian
M394

Løgstrup, T.
M397, M458-471

Løngreen, Axel
V909

Macartney, Lord
R730

Mackay
M440, M521

Mackenzie
M472

Madsen, Christian
M395, M422, M583

Madsen, Harald P.
M392, M395, M473-476

Madsen, Henrik
R731

Magalhaen
R684

Magle, Hans
M641

Magnussen, Johannes
V922

Magnusson, Arni
R732

Malmstrøm, Axel
M477-478

Malraux, André
F187-188

Mannerheim, C. G.
R733

Mantzius, Karl
V923

Mao Tse-tung
V882, V930

Mao Tun
K227

Marco Polo
F209, R684, R718, R734-735, R742,
V975

Marcus, Aage
V924-925

Marston, Annie W.
M479

Martinius, Martin
V926

Matelief, Cornelius
R736

Mathews, Basil
M480-482

Matthiesen, H. I. F. C.
M483

Matthison-Hansen, Aage
F189-194, K245-259, R737, V927

Maugham, W. Somerset
F195

Meister, Fr.
B63

Mengel, Ejner
V928

Metcalfe, W. C.
B64

Michaëlis, Sophus
F196

Miln, Louise Jordan
F197

Mitchell, Isabel Deane
M516

Moltke, Kai
V930

Monsen, Marie
M490

Morrison, Robert
M360, M416, M444, M493, M530,
M623, M626, M628

Navneregister

Olearius, Adam
R743

Olesen, O.
M518, M588

Olrik, Minni
V942

Olsen, Aksel
M432, V943

Olsen, F. C.
R744

Olsen, Ivan Munk
V944-945

Olsen, Kaj
M385, M432, M519-520, M661

Ossendowski, Ferdinand
V946-947

Ostenfeld, H.
M521

Oswald, H.
R745

Ott, Estrid
B69-70

Outhwaite, Leonard
R746

Paléologue, Maurice
V1012

Pallesen, Kirstine
M522-526

Parley, Peter
B71

Paton, William
M372

Pease, Howard
B72

Pedersen, Barbara
M527

Pedersen, Dagny
M528

Pedersen, Johs.
M529

Pedersen, P. N.
M400

Petersen, Carl
V948

Petersen, Carl Emil
R748

Petersen, Erik
M530-532

Petersen, Kaj
M533-534, V949

Petersen, Sophie
V950

Petersen, Wilhelm
V951

Pettman, Grace
M535

Pflug, Henrich Ovesen
V952

Pin Yin
V953

Pinto, Ferdinand Mendez
R749

Po Chü-I
K241, K260

Pott, F. L. Hawks
M538

Poulsen, A. Aagaard
M364, M539

Poulsen, A. J.
V878

Poulsen, Astrid
M457, M540

Poulsen, Johannes
R750

Pram, Christen
F198

Prenter, Regin
M541

Prip-Møller, Antonette
K262, M542, V955-956

Prip-Møller, J.
B73, M543-548, M555-556,
V957-961

Prschevalskij
R751

Pu Sung-ling
K263

Pullich, Frits
M549

Rasch, Aa.
V963

Rask, Svend A.
B74

Rasmussen, Carl
V964

Rasmussen, Johannes
M326, M348, M399, M550-556,
M640

Rasmussen, Steen Eiler
V965-966

Rasmussen, Vilhelm
V967-968

Ravn, Henrik
B75

Ravn-Jonsen, I.
R752

Rechnitzer, H.
V969

Rehling, Svend
M558-559

Reichelt, Karl Ludvig
M541, M560-568, M571

Reiersen, J. R.
V970

Rémusat, Abel
K233

Rendtorff, C.
M392, M570

Reventlow, Chr.
V971

Reynolds, Quentin
V972

Ricard, Anette
V973

Ricard, Olfert
M559, M572-573

Richard, Timothy
M494

Richthofen, F. v.
V789

Riedel, Kai
V974

Rieger, Jonny
R755

Riisager, Filip
M574

Rimestad, C. V.
V975-976

Roberts, C. E.
B76

Robson, Isabel S.
M575

Rochau, Else
B77

Rolfsen, Nordahl
V977

Rom, N. C.
V931, V978

Rosen, Erik
V979

Rosenberg, Holger
M576, R689, R756-757, V980-982

Rosenkjær, Jens
V983-984

Navneregister

Taylor, J. Hudson
M360, M610-611

Tcheng-Ki-Tong
V1002

Tetzner, Lisa
B87

Thelle, Notto Normann
M612-613

Thomas, Louis
R742

Thomassen, Alma
M614

Thomsen, Ingrid
M615, V1003-1004

Thorenfeldt, Kai
R766

Thornam, Chr.
R767

Thott-Hansen, P.
V1005

Tillge-Rasmussen, Sven
V1006

Ting Ling
K227

Toft, C. L.
M324, M616-620

Trosborg, Holger
V1007

Tu Fu
K228, K249-250, K258, K270

Turner, Samuel
R768

Tuxen, Poul
M622

Tybjerg, Chr.
M623

Uen-kiun
K255

Ule, Willi
V1010

Urville, Dumont d'
R769

Ussing, Henry
M626-628

Vahl, J.
M373, M629-637

Vahl, Jens
M396

Vahl, Martin
V1011

Vale, Joshua
M638

Verne, Jules
B88, F214

Voltaire
F198, F216

Vyff, Johannes August
M392, M503, M531, M588

Waidtløw, C.
M328, M389, M398, M588, M643-647, M657-658

Walker, F. Deaville
M591

Wallenberg, Jacob
R770

Waln, Nora
V1014

Wanless, W. J.
M648

Weale, Putnam
F162, F217-218, R750, V1015

Wells, Linton
V1016

Wemmelund, Kirstine
M650-653

Werner, Gotthilf
V1017